D

40346

PENSÉES
SUR LA PHILOSOPHIE
DE L'INCRÉDULITÉ,
OU
RÉFLEXIONS
SUR L'ESPRIT ET LE DESSEIN
DES PHILOSOPHES IRRÉLIGIEUX
De ce Siècle.

Dédiées à MONSIEUR, Frère du Roi.

Par M. l'Abbé LAMOURETTE.

---

*In novissimis temporibus, discedent quidam à Fide,
Attendentes spiritibus erroris.* I. Thimoth. IV.

Vol. in-8°. Prix, 2 liv. 10 sols broché.

A PARIS,

CHEZ { CL. SIMON, Imprimeur de Mgr. L'ARCHEVÊQUE, rue Saint-Jacques, N°. 27.
BERTON, rue Saint-Victor,
LESCLAPART, Libraire de MONSIEUR, rue du Roule, N°. 11. près le Pont-Neuf. } Libraires.

M. DCC. LXXXV.
Avec Approbation & Privilège du Roi.

A MONSIEUR,
FRÈRE DU ROI.

Monseigneur,

Les grands Princes ont une preuve de plus que les autres hommes, de la vérité & de la nécessité de la Religion. Car il n'y a qu'elle qui présente aux Maîtres du Monde & aux Enfans des Rois, la perspective d'une plus grande gloire que celle dans laquelle ils sont nés ; & s'il est vrai que leur élévation leur laisse encore l'idée & le désir d'une félicité plus réelle & plus parfaite, cette expérience si frappante de l'insuffisance de tous les Trônes & de toutes les Grandeurs de l'Univers, pour les rendre pleinement heureux, n'est-elle pas le plus éclatant témoignage que le cœur humain puisse rendre à l'excellence & à la force d'un Evangile, qui vient nous apprendre que rien de ce qui périt, n'a de proportion avec notre immense capacité de jouir, & qui ne nous offre rien de moins, que de nous incorporer dans l'Infini ?

Pour vous, MONSEIGNEUR, dont les tendres années se sont écoulées sous les regards d'un Père doué d'une ame sublime, & où l'immensité des connoissances & des lumières qui forment les Grands-Hommes, résidoient à côté de toutes les Vertus qui font les bons Rois & les vrais Saints ; Vous, qui contemplez tous les jours de si près l'image de votre auguste Auteur, dans un Prince qui en accomplit le vœu le plus cher, & dont le Règne est celui de la Sagesse, de l'Equité & de la Bienfaisance ; combien de circonstances personnelles se trouvent réunies autour de vous, pour vous convaincre du peu de distance qu'il y a des principes qui rendent les hommes véritablement bons, à l'Evan-

DÉDICATOIRE.

gile qui les rend Chrétiens ; & par conséquent du peu de différence qu'on doit mettre entre celui qui rejette le Christianisme, & celui qui renonce à toute vertu !

Ou plutôt, MONSEIGNEUR, vous n'avez eu besoin, pour reconnoître & adorer la sainteté de la Foi, que de suivre l'impression de votre caractère solide & profond, de votre goût & de votre estime essentielle pour tout ce qui est grand, vertueux & utile : & vous avez senti dès votre enfance que rien n'est plus riche, plus magnifique & plus ravissant, qu'une Religion qui sort du sein de Dieu même pour éclairer tout l'Univers, pour nous rendre éternels, & pour attacher à la pratique des vertus & des devoirs qui font le bonheur de cette vie, notre irrévocable participation à la vie & à l'immutabilité de l'Etre infini qui nous a créés.

Puisse, MONSEIGNEUR, un Nom tel que celui dont vous daignez me permettre d'honorer le frontispice de mon foible Ouvrage, rappeller à tous mes Concitoyens,

ÉPITRE DÉDICATOIRE.

que tandis que des Esprits turbulens & dangereux s'efforcent d'obscurcir & de faire chanceler tous les Principes les plus nécessaires au maintien de la tranquillité & de l'ordre public, le Frère du plus grand des Rois met sa gloire à se prosterner tous les jours à côté du Monarque, devant la majesté de nos Sanctuaires; & que s'il est vrai que c'est au pouvoir de la Religion pour former les bons Princes, que nous sommes redevables des qualités & des vertus qui nous rendent les nôtres si précieux & si chers, nous avons plus de motifs qu'aucun Peuple de la Terre, pour ne jamais cesser de la soutenir & de l'adorer.

Je suis, avec un très-profond respect,

MONSEIGNEUR,

Votre très-humble & très-obéissant serviteur,
LAMOURETTE.

PRÉFACE.

LEs Discours qui composent cet Ouvrage, sont le résultat d'une correspondance que j'ai eue avec un homme de ma connoissance. J'ai pensé que des réflexions qui n'avoient pas été inutiles à celui à qui elles furent destinées dans l'origine, pourroient encore servir au bien de quelques autres honnêtes-gens.

Comme je suis très-éloigné, mon cher Lecteur, de vous donner cet Ecrit pour une production de grande conséquence, & que je n'aspire point à la gloire d'être porté sur le tableau des Littérateurs de ce siècle, & moins encore à celle d'être compté parmi les Ecrivains respectables qui

viij PRÉFACE

ont essentiellement soutenu la Religion contre les entreprises de l'Incrédulité ; je l'ai publié avec tous les défauts de correction, de précision & de méthode, que je me suis passés à moi-même dans la liberté de mon commerce épistolaire. Ce n'est pas que je n'eusse été flatté d'offrir au Public quelque chose de plus conforme à mon respect pour lui, & de plus digne, sur-tout, de l'attention du grand Prince qui a bien voulu accepter l'hommage de mon travail. Mais il auroit fallu une refonte qui m'auroit coûté plus de temps, que je n'en avois en ma disposition, & qui auroit peu ajouté à la valeur & à la solidité du fond.

Cependant, pourvu que vous ne soyez pas trop *grand Philosophe*, c'est-à-dire, trop au-dessus de la bonne-foi & de la vérité, vous ne pourrez contester à ce Livre le double mérite de présenter des peintures vraies, & de les mettre à la portée de tous ceux qui ont des yeux. Tout y roule sur des descriptions & des caractères très-palpables. Les tableaux de la Religion y viennent quelquefois contraster avec ceux que nous fournit l'Incrédulité, & rendre plus sensible, par la richesse & l'excellence des objets qu'ils présentent, la profonde corruption de tous les Systêmes irréligieux.

Depuis que la Philosophie des ennemis de la Foi, nous a si bien éclairés elle-même sur le véritable dessein de ses manœuvres, nous devons être pleinement convaincus de l'inutilité de toutes les tentatives qu'on pourroit ajouter à celles qu'on a

PRÉFACE.

faites jufqu'ici, pour la ramener par la voie du raifonnement.

On ne doit plus prendre la peine de rien prouver à un Incrédule, parce qu'en général, un Incrédule n'eft pas un Philofofophe qui s'égare & qui fe trompe innocemment dans la recherche de la Vérité; mais un être que la néceffité du devoir & de la vertu embarraffe; qui s'aveugle volontairement fur tous les principes qui gênent fes habitudes, ou contrarient fon caractère; & qui, fachant bien qu'il y a des Ecrivains & des Livres qui enfeignent le mépris de l'Evangile & de fon Auteur, embraffe la *mécréance* fur leur parole, & ne s'avifera de fa vie de donner une feule minute à l'examen férieux de la Religion. Tout au plus, il prendra la précaution de fe meubler

PRÉFACE.

la mémoire de certaines formules philosophiques dont il se fera honneur dans l'occasion, & qu'il étalera avec complaisance, sans se douter qu'il y aura quelquefois des hommes sensés qui découvriront, à travers tout ce petit appareil dogmatique dont il s'enveloppe, tout le ridicule & toute la pauvreté de son personnel.

Vous pouvez donc prévoir, mon cher Lecteur, que je ne traiterai pas très-honorablement la Philosophie, ni dans ses Chefs, qui ne sauroient plus se défendre aujourd'hui du tort d'avoir corrompu les hommes, & de les avoir rendus plus malheureux; ni dans ses Adeptes, qu'on ne distingue des autres hommes que par leur hardiesse à tout braver. Ceux qui ont leurs raisons pour ne pas vouloir qu'on approfondisse le véri-

PRÉFACE.

table esprit des Philosophes irréligieux, ne manqueront pas de me reprocher de l'immodération, de l'injustice, & peut-être quelque chose de pire encore. Mais si vous avez connu & suivi de près cette étrange espèce d'hommes, & que vous joigniez à cette expérience un peu de respect pour la vérité, d'amour pour la vertu, & de zèle pour le repos de vos Concitoyens, vous pourrez aisément me convaincre d'en avoir trop peu dit.

PENSÉES

PENSÉES

SUR L'ESPRIT ET LE DESSEIN

DES PHILOSOPHES IRRÉLIGIEUX

DE CE SIÈCLE.

PREMIER DISCOURS.

INTRODUCTION.

JE ne m'accoutume pas, mon cher Vicomte, à voir un homme doué, comme vous l'êtes, d'un esprit si droit, & d'un cœur naturellement vrai & honnête, s'empêtrer dans le plus absurde & le plus ténébreux système, qu'ait jamais pu enfanter l'abus de la Philosophie.

A

C'est un parti bien violent & bien hardi, que celui d'abjurer la Foi, & de sacrifier toutes les espérances de la Religion au faux honneur d'être compté parmi les *fortes cervelles*, ou à la douceur trompeuse de vivre sans règle & sans dépendance.

Vous convenez que *votre respect pour le Christianisme n'a commencé à s'affoiblir, que du moment où vous avez cessé de le trouver praticable.* Quel préjugé contre la sûreté des nouveaux principes que vous adoptez! Et comment un bon esprit peut-il se fier sérieusement à des opinions dont l'ascendant sur lui ne date que du dérangement du cœur? Ce qui fera toujours la honte de l'Incrédulité, c'est qu'elle est un refuge infiniment commode pour tous ceux qui ont abandonné la sagesse; & que si la Religion dont elle est l'ennemie, étoit fausse, ce seroit le cas unique où une doctrine auroit tout-à-la-fois contre elle, & la force de la vérité, & l'intérêt de tous les vices.

Si vous étiez de ces êtres futiles & vains, qui n'affichent l'incrédulité que pour se donner un faux air de *penseur*, & prêter à leur ignorance une attitude fière & dogmatique, je me garderois bien de perdre mon temps à vous parler raison. Ce n'est pas-là le traitement qui est dû à toute cette *populace* philosophique. Mais je connois la trempe de votre caractère, mon cher Vicomte ; & je ne vous ferai pas l'injustice de vous confondre avec tous ces creux suppôts de l'Irréligion, qu'on voit pantalonner & voltiger dans les sociétés de tout étage. Vous seriez de bonne-foi, s'il étoit possible de l'être dans l'abandon du Christianisme. Votre extrême sensibilité vous a engagé dans des relations & des habitudes que la sévérité de l'Evangile réprouve. Si vous n'aviez jamais vu autour de vous de ces Philosophes qui savent débarrasser les hommes de tout ce qui les gêne, il ne vous seroit point venu dans la pensée d'ajouter au malheur d'avoir fermé votre cœur à la vertu, celui d'y éteindre le sentimenr de la Foi. Mais le grand nombre de ceux qui s'étoient affranchis avant vous de l'importunité de son joug, vous a encouragé à suivre leur exemple ; & voilà l'origine de votre incorporation dans la plus mauvaise compagnie qui soit au monde.

Je ne crois pas, dites-vous, que parmi ceux qui font profession de demeurer attachés au Christianisme, il y en ait beaucoup qui goûtent sincérement l'austérité des préceptes qu'il impose. Ainsi presque tous les hommes sont incrédules dans le cœur. Moi, je veux mettre ma raison d'accord avec ma volonté. Et moi, Monsieur, si j'avois le malheur d'être entraîné par ma foiblesse, & de ne pouvoir résister à la tyrannie de mes sens, je continuerois de rendre à la Religion tout l'hommage de mon esprit & de ma raison; & je tâcherois de me consoler par mon respect pour la vérité, de mon éloignement de la vertu. C'est trop perdre à la fois, que d'immoler, avec les pures jouissances de la sagesse, l'espoir toujours précieux d'y revenir un jour, & de vieillir dans son sein. Ce n'est ni à vous, ni à moi de décider de ce qui se passe dans le cœur de ceux que la profession extérieure du Christianisme distingue des Incrédules : & il importe peu d'éclaircir un point aussi étranger à ce qui nous regarde & nous intéresse personnellement. Mais c'est un goût d'harmonie bien mal entendu, que de pervertir volontairement sa raison, pour lui faire allouer les foiblesses d'un cœur déréglé ; comme si l'unité & le concert pouvoient jamais résulter d'une dépravation plus universelle & plus incurable, & que ce fût être Philosophe, que de ne plus rien laisser subsister de sain dans son ame, lorsqu'on la trouve gâtée dans quelqu'une de ses puissances. Que penseriez-vous, Monsieur le Vicomte, d'un homme qui seroit perclus de ses jambes, & qui, pour la symétrie, voudroit absolument se crever les deux yeux ? Il n'y a au-dessus d'une telle frénésie, que celle qui fait toute l'incrédulité de la plupart de nos intrépides Philosophes.

L'expérience & la maturité de l'âge vous désabuseront un jour, mon cher Vicomte, des illusions des sens, de la vanité des plaisirs & de la puérilité des passions. Avec une ame telle que la vôtre, on revient de bonne heure au férieux des mœurs graves & folides ; alors vous rougirez de la nullité de la meilleure partie de votre exiftence. Vous méprifcrez toutes ces idées détournées & fauvages : trifte appui d'un cœur énervé par fa propre inanition. L'homme de bien, à prendre ce mot dans fa vraie étendue, & comme fignificatif de cette probité faillante & délicate qu'on rencontre fi rarement fous les pavillons de l'Incrédulité ; l'homme de bien, dis-je, eft fi près du Chriftianifme, & fes principes font fi contigus à la morale de l'Evangile, qu'on peut regarder un bon citoyen, un ami vrai, un cœur généreux & zélé pour tout ce qui eft honnête, vertueux & jufte, comme un Chrétien commencé, qui n'a befoin, pour le devenir parfaitement, que d'avancer de quelques pas fur la ligne où il eft déjà, & d'obéir à la tendance naturelle de l'heureufe impreffion qu'il éprouve. Or ce goût de la vertu & des devoirs, M. le Vicomte, n'eft point anéanti en vous ; il n'eſt qu'aſſoupi & relégué pour un peu de temps au fond de votre ame. Vous le ſentirez ſe réveiller dans toute ſa force, auſſi-tôt que tous les petits intérêts du moment préſent, auront perdu à vos yeux leur importance. Ne vous engagez donc pas imprudemment à ne jamais redevenir vertueux ; & quels que puiſſent être les écarts de votre foibleſſe, révérez toujours la Religion, reſpectez ſon culte, honorez tous ceux qui vivent ſoumis à ſes loix, comme les hommes les plus incorruptibles qui ſoient ſur la terre, & tenez-vous toujours ſéparé de l'Incrédulité. Vous ſerez trop heureux un jour de retrouver cette Foi, dont l'eſtime renaît toujours avec l'amour de la ſageſſe, & de puiſer dans ſon ſein, toujours ouvert à la fragilité humaine, les conſolations & les reſſources dont vous aurez beſoin, pour vous raſſurer contre la honte de vous-même, & adoucir la peine que vous reſſentirez de l'avoir trop long-temps profanée dans votre cœur. C'eſt une grande perte, sans doute, que celle de la vertu. Cependant ce naufrage, tout déplorable qu'il est, ne dégrade point entiérement l'homme, tant qu'il est l'unique : il y laisse vivre tous les germes des inclinations louables. Mais celui qui, au lieu de sauver des débris de son innocence le respect & l'estime d'une Religion qui donne un si grand prix aux larmes du repentir, va encore se précipiter dans l'abîme de l'impiété, est un homme qui érige en système de Philosophie sa profonde corruption, & qui s'oblige publiquement à sceller de son dernier soupir, son renoncement à Dieu & à la vertu. Quelle horreur !

Nous avons vu tomber en peu d'années, & presque l'une sur l'autre, les principales colonnes de l'édifice philosophique. Ces *Prélats* de l'Incrédulité, après avoir scandalisé le monde par la hardiesse inouie de leur enseignement, ont voulu le surprendre & l'effrayer, par le refus féroce qu'ils ont fait, d'accorder le dernier de leurs inſtans aux ſollicitations & aux offres d'une Religion qui les répétoit, comme marqués du ſceau de ſes promeſſes. Leur engagement à mourir ſans foi & ſans eſpérance, étoit trop ſolemnel, & les yeux de toute la cohorte ténébreuſe étoient trop curieuſement attachés ſur le lit d'honneur où ils vouloient voir éclater le dernier triomphe de la Philoſophie dans ſes plus illuſtres défenſeurs, pour qu'il fût poſſible à ceux-ci de ſe refuſer à eux-mêmes une telle gloire, & aux ſpectateurs, un exemple ſi frappant & ſi mémorable de force & d'immutabilité.

Je ſais, mon cher Vicomte, que vous avez déjà fait vos preuves d'intrépidité & de bravoure contre l'ennemi de l'Etat. Mais cette valeur & cette conſtance qui vous ont ſi glorieuſement diſtingué au milieu des périls & des combats, n'ont rien de commun avec cette frénéſie philoſophique qui affronte le ciel & la terre, & qui donne à la perverſité ſyſtématique, le courage farouche de blaſphêmer en mourant : ou plutôt, c'est le même principe de vertu & d'honneur que vous avez porté sous les drapeaux, qui vous fera céder un jour à la force de la vérité, & fléchir le genou devant la majesté de la Religion. Je vous prédis hardiment cette désirable révolution, parce que je vous connois profondément, & que l'élévation de votre esprit, votre vocation essentielle pour le réel, le beau & le solide, votre tendre vénération pour la mémoire d'un père qui vous a donné de si beaux exemples & de si touchantes leçons, & que vous avez vu mourir dans les douceurs d'une paix si délicieuse & si profonde ; tout enfin vous rend inhabile à vous passer long-temps de la vertu, & par conséquent du Christianisme. Songez donc quel terrible obstacle vous auriez à vaincre, pour rentrer dans les voies tranquilles & aimables de la sagesse, si vous alliez témérairement vous donner la réputation d'*esprit fort*. Est-il prudent de ne pas se réserver la liberté de se réconcilier avec la Foi, sans encourir le mépris des infenfés, & fans que l'Incrédulité puiffe nous reprocher une défection ? Ne favez-vous pas que la plupart des ces Philofophes qui meurent dans leur impiété, n'y tiennent plus dans leurs derniers momens, que par la crainte du ridicule ? & que la honte de fe repentir fous les yeux des amis barbares qui les encouragent à tout braver jufqu'à la fin, fait alors toute leur incrédulité ? Le plus déterminé de tous les violateurs des vertus & des devoirs que la Religion prefcrit ; le tranfgreffeur le moins difpofé à fe réformer un jour, ne fe jette-t-il pas lui-même dans le mécompte de la plus impardonnable mal-adreffe, en rompant jufqu'au dernier des nœuds par où il tenoit à la Religion, & en s'impofant une forte de néceffité de s'égarer fans retour ? Un homme fenfé renonce-t-il jamais volontairement & pour toujours à ce qui peut lui redevenir néceffaire ? Ne prend-t on pas même partout, en ce point, des précautions qui vont plus loin que la vraisemblance? O mon cher Vicomte, si nous sommes trop malheureux & trop foibles pour nous enchaîner imperturbablement à la vertu, soyons au moins assez raisonnables & assez justes, pour ne jamais cesser d'adorer la vérité.

SECOND DISCOURS.

Frivolité des raisons qui engagent dans le parti de l'Incrédulité.

JE vois bien, mon cher Vicomte, qu'indépendamment des facilités que nous donne l'Incrédulité pour vivre sans inquiétude & sans remords au gré de tous nos désirs, vous y tenez encore par une sorte d'estime qui acheveroit de vous perdre, si vous ne vous détrompiez de l'erreur qui en fait la base. Cette erreur, c'est l'idée singulière qu'il n'est plus possible d'être Chrétien, dès qu'on sait penser par soi-même, & que le discrédit de la Religion est une conséquence nécessaire du progrès des lumières, & de la perfection des connoissances philosophiques.

Il faut avouer, me dites-vous, *que les mots de* révélation, *de* mystère, *de* prophétie *& de* miracle, *s'ajustent bien mal avec les idées de la Philosophie, & qu'un* *esprit accoutumé à analyser les vérités, & à les saisir dans leur liaison & leur correspondance, doit se trouver bien emprunté devant les objets indéchiffrables que la Foi lui propose.* Vous faites bien de l'honneur aux Philosophes, Monsieur le Vicomte, de croire qu'ils savent tout *déchiffrer* ailleurs, & que leur pénétration ne se trouve en défaut que devant les objets de la Religion. Je n'insiste point sur cette réflexion; ce seroit passer beaucoup de temps à combattre un travers que je ne crains point pour vous. Un esprit inculte peut être dupe de cette absurdité, & entendre tout simplement par *Philosophes*, des gens qui savent & conçoivent tout. Voilà ce qui a donné à l'Incrédulité, l'espèce de considération dont elle jouit dans les cercles ignorans & frivoles: car elle a encore plus *de simples fidèles*, que la Religion; & le fond du *Philosophisme* est encore plus caché aux yeux de la multitude de ses partisans, que ne l'est pour le Chrétien le principe des mystères qu'il adore. Mais vous qui avez étudié la Nature aussi long-temps & aussi profondément que la plupart de ceux qui se donnent pour en avoir découvert tous les secrèts; vous qui avez la preuve personnelle de l'invincible impénétrabilité du moindre atôme; vous qui savez qu'il est aussi impossible à tous les Philosophes du monde de vous dire ce que c'est qu'une goutte d'eau, qu'il l'est à tous les Théologiens de la terre de vous donner la vue claire de ce que c'est que la Trinité; vous, par conséquent, qui devez voir évidemment que si, dans l'ordre de la Religion, Dieu nous refuse l'intelligence de ce qu'il nous révèle, il ne fait que suivre son premier plan, & nous traiter en ce point à-peu-près comme dans l'économie de la Nature; pourriez-vous regarder l'habitude de s'appliquer à la Philosophie, comme une bonne raison d'être difficile en croyance? L'obscurité de la Foi peut-elle jamais étonner celui qui ne peut regarder philosophiquement le grain de sable qui reluit au bout de son doigt, sans se trouver devant un abîme? Quel homme devroit être mieux préparé à s'anéantir devant les profondeurs de Dieu, que le Philofophe qui a la certitude expérimentale & complette de l'impuiffance de l'efprit humain, pour fonder celles qu'il trouve fans ceffe autour de lui ? Ce n'eft donc pas au vrai Savant qu'il en doit coûter pour céder à l'incompréhenfible. Dans l'homme éclairé & de bonne-foi, l'affemblage des connoiffances humaines, emporte une difpofition préconçue à croire fans comprendre ; & toute répugnance de reconnoître pour vrai ce qui ne peut s'expliquer, eft une oftentation abfurde, ou une preuve décifive de médiocrité & d'ignorance. Des idées de Philofophie, tronquées & fuperficielles, pourront bien aider une infinité de perfonnages légers & évaporés, à s'écarter de la Foi ; mais l'affiduité de l'application & l'abondance des lumières, repousseront toujours les efprits mûrs & folides du côté de la Religion ; parce qu'elle feule peut nous éclairer pleinement fur l'origine des chofes, fur l'emploi de nos facultés, & fur la dernière deftination de tout ce qui exifte ;

&

& que par conséquent elle est la vraie & parfaite Philosophie.

Il n'y a donc que la fausse qui ne puisse souffrir qu'on lui parle de *révélation* & de *mystère*; mais vous, mon cher Vicomte, qui êtes fait pour la véritable, dites-moi, un Philosophe qui n'auroit jamais entendu parler de la Religion, se trouveroit-il jetté hors de son département, si quelqu'un lui faisoit ces questions ? « L'Être infini, qui seul connoît
» tout ce qui se passe dans l'immensité
» de son Essence, pourroit-il commu-
» niquer à des intelligences créées, la
» connoissance de quelques-unes de ces
» particularités qui sont si profondément
» cachées dans son sein, & qui n'y sont
» vues que de lui seul ? Et s'il vouloit
» nous apprendre quelque chose sur sa
» Nature ou sur ses desseins éternels; tout
» ce qu'il nous diroit se concilieroit-il avec
» nos idées ? N'y trouverions-nous rien
» qui ne fût à la portée de notre force
» de concevoir ? Enfin, Dieu ne pourroit-

» il pas imprimer aux organes qu'il choi-
» siroit pour nous raconter sa gloire &
» les plans de sa sagesse, le sceau de son
» autorité ; par exemple, en leur dévoi-
» lant ce qui demeure caché pour tous
» les autres dans l'obscurité de l'avenir,
» ou en faisant, à leur voix, des excep-
» tions sensibles & éclatantes aux loix
» de la Nature ?» Je sais bien comment
un Philosophe, de l'espèce de ceux que
nous connoissons, accueilleroit de semblables questions. Aussi j'en demande un
qui ne puisse être de la cabale. Or quelle
raison auroit-il pour me répondre que ce
genre d'examen n'est point du ressort de
la Philosophie ? Et qu'*un homme accoutumé à saisir les vérités dans leur liaison
& leur correspondance, se trouve emprunté
devant ces indéchiffrables matières ?* Pourroit il m'articuler une seule question métaphysique, plus naturelle, plus distincte,
& plus philosophique que celles que je
viens de lui faire ? Ne s'agit-il pas ici d'une
possibilité qui a pour elle l'évidence de nos

idées les plus familières, & qui se trouve dans la *correspondance des vérités* les plus clairement apperçues ? Qui oseroit affirmer que Dieu ne peut rien dire aux hommes; ou que, s'il leur parloit de lui, il ne leur diroit que des choses qu'ils pussent comprendre ? qu'il lui est impossible de communiquer à qui que ce soit, la connoissance qu'il a de l'avenir; ou de suspendre, quand il lui plaît, le cours des loix qu'il a librement établies ?

Mon cher Vicomte, rien de ce qui est vrai, ne peut être étranger à la Philosophie. Elle consiste essentiellement dans la recherche & l'amour de la vérité, quel que soit l'ordre de choses où elle réside. Celui qui ne veut la reconnoître & lui céder qu'où elle est visible à ses regards, mérite de ne la trouver nulle part. L'intuition personnelle fût-elle jamais donnée par aucun Philosophe raisonnable, comme l'unique témoignage de la vérité, & le seul appui de nos certitudes ? Et la Philosophie du sens commun ne dit-elle pas à tous les hommes que si le compréhensible n'est pas la mesure du vrai, le comble de l'extravagance est de réprouver comme faux, ce qui n'a contre lui que d'être inaccessible à notre perception propre ? Trouvez-vous le procédé singulier de celui qui dit : *Je ne veux croire ni mystère, ni miracle, parce que je ne conçois rien à tout cela ;* trouvez-vous, dis-je, cette idée ridicule & brusque, bien propre à *s'ajuster* avec les principes du bon sens, les règles de la prudence, & l'amour sincère de la vérité ?

Un Géomètre qui croit très-fermement que *l'angle au centre a pour mesure tout l'arc compris entre ses côtés*, croit en Philosophe. Mais examinez bien quelle est la vraie & dernière raison pourquoi son *assentiment* est philosophique. Est-ce immédiatement, parce que cet assentiment est fondé sur sa propre perception ? Non, assurément. Mais c'est directement & en dernière analyse, parce que la perception qui détermine cet assentiment, est infaillible, &

que ce qu'il croit, est la vérité. Ce n'est donc pas la propriété, mais l'infaillibilité de la perception, qui décide du caractère philosophique de nos jugemens & de notre façon de croire. Or, le Théologien qui croit de son côté que *la Nature unique & indivisible de Dieu, subsiste sous trois relations distinctes, qu'il appelle trois Personnes*, a pour la sûreté du jugement qu'il porte, une perception autant & plus infaillible encore, que si elle lui étoit propre; puisqu'il est assuré que ce qu'il croit sans pouvoir se le démontrer, Dieu le voit dans sa plus grande lumière. Il a donc le parfait équivalent de l'évidence du Géomètre; &, comme lui, il est Philosophe, parce qu'il n'en diffère que par le défaut d'une propriété de perception, qui est accidentelle à la certitude de tous les jugemens; parce qu'il se conduit sur un principe qui ne peut le tromper; parce qu'il se détermine d'après l'évidence du bon sens, qui nous dit qu'il faut croire ce qui est vrai, & que partout la Philosophie consiste à écouter la raison & à se rendre à la vérité.

Ce qui résulte de ces réflexions, Monsieur le Vicomte, c'est qu'il n'y a pas de manière plus anti-philosophique de raisonner, que de donner pour raison de son incrédulité, les obscurités & les profondeurs de la Foi, & de prétendre qu'un Philosophe perd son caractère, & se ravale au niveau des esprits vulgaires, dès qu'il met des *mystères* & des *miracles* au nombre de ses certitudes. La raison dira toujours : Il faut croire les *mystères* & les *miracles*, s'ils sont VRAIS. Ainsi elle nous repoussera toujours malgré nous vers le côté lumineux de la Religion, où toute intelligence se trouve accablée du poids auguste & vénérable des preuves qui en établissent la vérité.

Je n'entrerai point dans ce vaste sujèt ; il n'est pas de mon dessein, parce que ce n'est pas-là le point sur lequel il faille se presser de vous ouvrir les yeux. Vous tenez moins que vous ne croyez à la secte philosophique. Ce qui vous manque pour lui rendre la justice qui lui est dûe, c'est de la bien connoître. Votre estime pour quelques individus, vous a jusqu'ici aveuglé sur l'espèce. Vous n'avez vu dans les Ecrivains de l'Incrédulité, que des hommes plus résolus & plus rapides dans leur marche, que les Philosophes ordinaires; & d'après quelques vues estimables qu'ils nous ont présentées sur la Morale, sur la Politique, sur la Législation, vous avez cru que leurs systêmes irréligieux étoient aussi autant de branches du vrai savoir, & que la Foi n'avoit été mise au rebut, qu'au même titre que toutes les opinions surannées, & comme une *mysticité* bonne pour le peuple superstitieux & ignorant. Une connoissance plus approfondie de la Religion, auroit suffi pour vous garantir de cette séduction, & pour vous rendre infiniment suspects, tous ceux qui ont osé en entreprendre le décri. Mais ne cherchons point hors de l'Incrédulité même, la raison de nous défier de ses dogmes. Ce que je vous dirai dans la suite, ne tendra qu'à vous la dévoiler dans son vrai jour, & à vous éclairer sur la malignité de sa source, & la perversité de son esprit & de son caractère.

TROISIEME DISCOURS.

Perverſité de l'origine & des vues de l'Incrédulité.

S'IL n'y avoit que de la vertu ſur la terre, Monſieur le Vicomte, & que l'amour de la vérité & de la ſageſſe fût l'unique paſſion de ceux qui l'habitent, rien ne ſeroit plus étonnant & plus inexplicable, que l'idée qui eſt venue à certains eſprits, d'attaquer avec fureur une Religion qu'ils avoient trouvée établie ſur les plus anciens & les plus inébranlables fondemens, & qui avoit été l'objèt du reſpect & de l'adoration de tous les âges.

Comment, en effet, l'Homme, cet être qui ſe trouve ſi ſupérieur à tout ce qu'il voit dans l'univers, & qui ſe ſent ſi vivement & ſi invinciblement porté à tout faire ſervir à l'aggrandiſſement, à la félicité, au repos & à la perpétuité de ſa chancelante & fugitive existence, auroit-il jamais pu avoir la pensée, & concevoir le dessein de s'armer de toutes les forces de son raisonnement, pour la ruine d'une Religion qui est le seul ordre de choses où s'accomplisse ce vœu immense de son cœur, & hors de laquelle sa tendance la plus irrésistible & la plus chère, devient la plus insupportable de toutes les absurdités ? Une Religion qui s'offre à lui sous un aspect de grandeur & de majesté, capable de transporter toute intelligence faite pour contempler les grands spectacles ; une Religion qui contente le cœur le plus vaste ; qui comble toute sa capacité de désirer & de jouir, par la richesse de la perspective qu'elle lui présente, par la solidité, l'abondance & l'élévation de l'esprit qu'elle lui communique ; qui ravit son entendement par la sublimité & la profonde sagesse de la doctrine qu'elle lui apporte ; qui remplit sa raison d'une lumière toute divine, sur la gloire de son origine & de sa destinée ; qui lui apprend, pour le rendre supérieur à tous les événemens & à toutes les créatures, qu'il a la même raison que Dieu d'être imperturbable au milieu de tout ce qui change autour de lui ; qu'il est éternel ; & qu'appellé à survivre avec l'Etre infini à toutes les révolutions & à tous les Empires de l'univers, il doit regarder avec la même immobilité, les biens & les maux de la vie, & n'être touché que de ce qui ne périt jamais. Comment, dis-je, une si haute & si auguste économie auroit-elle pu rencontrer parmi les hommes, un seul ennemi de sa vérité & de ses promesses ? Et quand il seroit possible qu'elle ne fût qu'une invention humaine, & que la Philosophie nous démontrât la vanité de nos espérances, ne seroit-ce pas-là une découverte terrible que, par pitié, il faudroit dérober à la connoissance des hommes ?

Mais l'apparition désolante de l'Incrédulité au milieu d'un monde à qui la Foi est si nécessaire, & tout ce mystère ténébreux, qui seroit si inconcevable, si l'homme n'avoit jamais été soumis qu'à l'impression d'un cœur sincère, & à la direction d'une raison sage & pure, s'explique & se développe de lui-même, dès qu'on réfléchit sur l'influence terrible de la dépravation de nos penchans, sur le caractère de nos jugemens, & qu'on fait attention à la singularité des tentatives, & à la hardiesse des efforts que, de tout temps, les passions ont inspirées contre tout ce qui résiste à l'impunité & à la liberté de leurs ravages.

Oui, mon cher Vicomte, je vous le dis sans craindre de m'écarter de la justice & de la vérité ; c'est dans ces mêmes passions, qui ont toujours fait de ce monde une vallée de larmes, & qui ont causé tous les malheurs de la terre ; c'est dans l'inquiétude de l'orgueil, dans les agitations de la cupidité, dans le dégoût de tous les devoirs, dans la tyrannie des sens, & la haine de tout frein & de toute dépendance, qu'il faut chercher le premier germe de tous les systêmes irréligieux, & le vrai berceau de l'Incrédulité : de sorte que si l'on vouloit en donner une idée qui la représentât dans son véritable point de vue, & qui la fît dériver de son vrai principe, il faudroit la définir : *la résistance du vice, à l'évidence d'un Evangile qui le condamne.*

Je sens bien que cette idée vous paroîtra brusque, à vous qui ne connoissez les Philosophes que par le bel épiderme qu'ils vous montrent. Mais je ne vous demande pas de réformer vos opinions, avant que je ne vous aie exposé la substance des motifs qui justifient la mienne. Suivez seulement avec un peu d'attention, & sur-tout avec une entière impartialité, le détail des réflexions simples & naturelles que je me propose de faire avec vous. J'ose vous prédire que si vous voulez faire trêve à tous les petits intérêts qui séduisent souvent les hommes les plus estimables, vous finirez par revenir de votre prévention, & vous convaincre que ce n'est ni l'amour de la vérité, ni le désir de la faire connoître aux hommes, qui ont inspiré nos Oracles ; & que tous les systêmes qui tendent au renversement de la Foi, sont sortis de ce qu'il y eut jamais de plus déréglé & de plus pervers dans les passions humaines.

Quoique je n'aie point dessein de vous faire ici des généalogies, ni d'établir, par un procédé en forme, l'affinité très-réelle & très-étroite de l'Incrédulité, avec l'ancienne dépravation qui effaça autrefois le culte du Dieu véritable sur la terre, permettez-moi néanmoins de vous arrêter quelques momens à la considération de l'Idolâtrie. Il résultera de ce coup-d'œil que dans tous les âges, c'est le déréglement du cœur, & la décadence des mœurs qui obscurcissent, dénaturent & combattent la vraie Religion; & que, s'il y a quelque différence à faire du Paganisme qui fit oublier le premier Être, & du Philosophisme de nos jours, qui veut anéantir toute révélation, cette différence est toute au désavantage du dernier.

En effet, encore que l'Idolâtrie soit née de la plus déplorable corruption, elle ne fut pas cependant, comme l'Incrédulité, l'effet d'un dessein formé contre un culte raisonnable & universellement reçu. Ce n'étoit point l'ouvrage d'une secte ténébreuse & malveillante, qui, en dépit de ses propres lumières, & contre l'évidence de la vérité manifestée dans son grand jour, se seroit fait une étude de corrompre les hommes, & de les affranchir de toute espèce de devoir. Ce fut, pour ainsi dire, à son insçu, & par une longue suite de gradations imperceptibles & imprévues, que le vice amena les hommes à ce point d'avilissement, où tout recevoit leur adoration, excepté le seul Créateur de l'univers ; & le culte des fausses divinités fut autant la méprise de la grossièreté & de l'ignorance, que le refuge du déréglement & du libertinage.

Ceux des descendans de Noé qui s'établirent en Egypte, dit un sage Ecrivain (1), *adoroient, comme toutes les autres familles, le Créateur. Ils s'assembloient à la nouvelle lune, pour le glorifier publiquement de ses libéralités, & de son adorable Providence qui renouvelle tous les*

---

(1) M. Pluche, Histoire du Ciel, tome I, page 34.

jours les provisions nécessaires à l'homme. Ils mangeoient ensemble après les prières & les offrandes. Ils faisoient profession d'attendre la résurrection des corps, & une meilleure vie, où ils recevroient la récompense de la justice qu'ils auroient pratiquée en celle-ci. Par un effet de cette persuasion, les Egyptiens traitoient honorablement les corps morts qu'ils savoient être destinés de Dieu à se relever un jour de la poussière, & à passer dans un tout autre état. C'est sur quoi est fondé ce respect pour les morts, qui, avec le sacrifice & l'offrande du pain & du vin, a passé de la Chaldée, c'est-à-dire du berceau des nations, généralement dans tous les pays du monde.

Tel avoit été, dès l'origine des choses, l'état de la Religion & du culte public : telle étoit la Foi du genre humain, lorsque le poison de l'idolâtrie vint altérer, défigurer & enfin anéantir presque par toute la terre, ces idées si pures & si consolantes.

Mais, encore une fois, cette révolution ne

ne fut point le fruit d'une manœuvre systématique contre les articles de la Foi ancienne & universelle. Ce n'est pas que dès ces premiers temps, il n'y eût, sans doute, des hommes intéressés à se cacher la vérité, & aussi ennemis de tout joug & de toute dépendance, que ceux que nous voyons se déchaîner aujourd'hui si indécemment contre le Christianisme. Mais il leur manquoit, pour tenter le décri des dogmes incommodes, ce caractère d'intrépidité qui méconnoît tous les ménagemens; & les pervers de ce temps-là n'étoient pas encore assez *Philosophes*, pour hasarder de fouler aux pieds ce que le monde respectoit depuis sa création. Il leur auroit paru trop féroce d'essayer la ruine d'une croyance consacrée par la pratique & la tradition des premiers Patriarches, & dont ils voyoient la sainteté se renouveller tous les jours dans les cérémonies publiques, où se perpétuoient les rites & les sacrifices d'avant le déluge. Ainsi, la corruption du cœur pouvoit bien murmurer en secret de l'austérité de la

C

Doctrine Religieuse; mais elle n'étoit point au dégré qu'il faut, pour aveugler sur la nécessité d'obéir aux Loix, & de garder les bienséances. Elle pouvoit produire l'affoiblissement ou l'extinction de la piété & de la Religion du cœur; mais elle n'avoit pas encore la force de s'élever publiquement contre les dogmes & le cérémonial sacré de la Foi primitive. En un mot, elle pouvoit faire de froids ou de faux adorateurs, & préparer de loin les voies à l'Idolâtrie; mais elle étoit encore trop réservée & trop timide, pour se donner un caractère de Philosophie, & pour enfanter des blasphémateurs & des impies.

Je ne vous raconterai pas en détail, mon cher Vicomte, l'Histoire de la naissance, des progrès & du règne presque universel de l'Idolâtrie. Je me bornerai à vous faire jetter un coup-d'œil rapide sur l'époque décisive de son entrée dans le monde. Ce simple regard vous offre la preuve sensible que l'Idolâtrie, malgré tous ses excès, est sortie d'une source moins corrompue que la Philosophie de notre siècle.

Vous avez assez de connoissance de l'antiquité, pour vous souvenir que l'Ecriture symbolique étoit d'un usage extrêmement familier parmi les premières Colonies de l'Egypte; & que les Hiéroglyphes ont été, durant une longue suite de siècles, les seules affiches dont on se servît, soit pour annoncer les assemblées publiques de Religion, soit pour publier les réglemens de la Société civile. L'extrême complication de toutes ces figures grossières, qui devenoient à la fin presque impraticables par la quantité des signes accessoires qu'il falloit multiplier ou varier, suivant les temps, le nombre, & la diversité infinie des objets & des circonstances, dût donner une vogue bien prompte à l'écriture linéaire & courante, dès que ce chef-d'œuvre d'invention parut, & faire oublier en peu de temps l'usage, & par conséquent la signification de l'écriture hiéroglyphique.

Or, il y a ici deux choses qu'il est très-important de remarquer : la première, c'est que les anciens hiéroglyphes tenoient intimement, dès leur origine, à la Religion, aussi bien qu'à l'Astronomie & à toute la constitution de la police Egyptienne ; la seconde, c'est qu'il est dans le caractère de toutes les Nations, que le cérémonial du culte public, une fois établi & consacré par une pratique immémoriale, se soutienne & se perpétue au milieu de tous les changemens qui surviennent dans l'ordre social. On n'eut donc garde de faire disparoître tous ces symboles qui étoient dans les Temples, & qu'on avoit toujours vus sur les tables sacrées, sur les grands vases employés à faire les offrandes & les sacrifices, sur les obélisques, sur les tombeaux, & généralement sur tout ce qui avoit rapport à l'instruction du peuple, & aux bienséances du culte extérieur.

Mais dans cet état des choses, qui ne voit naturellement que l'ancienne & innocente signification de tous ces symboles imposans qu'on retrouvoit par-tout, devoit se dénaturer de plus en plus dans l'esprit du commun des hommes? & que ces étranges statues si surchargées d'attributs, que l'image du soleil & de la lune, que la rencontre continuelle de toutes ces figures d'hommes & d'animaux, dont on n'expliquoit plus l'usage, devoient faire de singulières impressions sur tous ceux qui n'entendoient plus rien à ces allégories, & qui tout livrés à leurs sens & à la recherche des biens de la terre, avoient déjà corrompu dans leurs cœurs le culte intérieur & spirituel que les premiers hommes rendoient publiquement à Dieu (1)? Si vous connoissez bien le cœur de l'homme, Monsieur le Vicomte, vous devez entrevoir dans toutes ces circonstances réunies, la naissance & les commencemens de l'Idolâtrie. Elle n'est donc, à l'envisager dans sa vraie source, qu'un abus énorme, à la vérité, des anciens Hiéroglyphes; mais où la grossiéreté &

_____

(1) *Voyez* l'Histoire du Ciel, tome I, page 133 & suivantes.

l'ignorance se trouvent de moitié avec le déréglement des mœurs (1). Il vous est aisé maintenant de juger par vous même

---

(1) On dit qu'on est revenu aujourd'hui du systême de M. Pluche sur l'origine de l'Idolâtrie ; je le crois : on a eu de fortes raisons pour décréditer les vues & les recherches de cet Ecrivain si judicieux & si respectable. La première, c'est que sa façon de voir & de présenter la Cosmogonie des anciens, se trouve fondée sur une force d'analogie & un ensemble de probabilités & de vraisemblances, qui lui donne tout l'ascendant d'une vérité démonstrativement établie ; & la seconde, c'est que cette manière d'expliquer l'établissement du culte, & la généalogie des Dieux du Paganisme, a le défaut impardonnable de favoriser la Religion, de répandre une grande lumière sur les faits consignés dans l'Ecriture Sainte, & de confirmer ce que la Révélation nous apprend de l'origine des choses, & des premiers événemens du monde. Il faut, à quelque prix que ce soit, qu'un écrit de cette espèce cesse d'être de mode, & qu'il aille grossir la masse de tous ceux qu'on ne lit plus. Ainsi, d'après le mépris auquel certains faux Antiquaires ont condamné l'*Histoire du Ciel* de M. Pluche, on a rabattu insensiblement & sans savoir pourquoi, de l'estime qu'on avoit eue d'abord pour les idées sages & lumineuses de ce vertueux & vrai Philosophe ; & des personnes faites d'ailleurs pour apprécier le mérite de son Ouvrage, n'ont point été à l'abri du préjugé que l'injustice philosophique a fait

que le vice n'a point produit l'Idolâtrie de deſſein prémédité ; qu'il n'a été que favorable à ſon établiſſement ; qu'il n'a fait que ſeconder l'imagination & les ſens, pour faire décheoir inſenſiblement les hommes de la ſpiritualité de leur

naître contre ſon travail. Quelques conjectures haſardées & découſues, qu'on a publiées depuis ſur la même matière, ont prévalu dans l'eſprit de tous les amateurs de la nouveauté, & fait preſqu'entièrement négliger un livre qui ne ſauroit être trop répandu, & où tout lecteur ſolide & ſage ſera toujours frappé de la clarté, de la force & de l'enchaînement des motifs qui appuient le ſentiment de l'Ecrivain. Mais, encore une fois, la Philoſophie n'aime pas qu'on la trouble dans la poſſeſſion où elle s'eſt miſe d'obſcurcir l'antiquité, de reculer à diſcrétion toutes les époques, de confondre les dates, de forger des chronologies qui ſe perdent dans des eſpaces indéfinis, & qu'elle prétend bien qu'on accueillera comme la réfutation complette de tout ce que Moïſe a écrit.

Au reſte, quelque ſyſtême qu'on adopte ſur ce ſujet, il ſera toujours certain que l'Idolâtrie s'eſt gliſſée dans le monde par une ſucceſſion lente & imperceptible de travers & de mépriſes, & ſans aucun deſſein formé contre le culte pur & raiſonnable qu'on rendoit à Dieu dans les premiers temps ; ce qui ſuffit pour juſtifier le parallèle que je fais de l'Idolâtrie & de l'Incrédulité, & laiſſer toute leur force aux conſéquences qui en croyance, & les difpofer, fans qu'ils s'en apperçuffent, à perdre entiérement de vue cette Puiffance éternelle & infinie, dont ils avoient des idées fi hautes & fi pures, en quittant les plaines de Sennaar.

Il eft donc vrai que cet écart fi étonnant, dans lequel prefque tout le genre humain s'eft précipité, parce que toutes les Nations portées à adopter tout ce qui venoit d'Egypte, ont reçu, avec les autres ufages de cette contrée célèbre, fes caractères & fes fymboles, fans en recevoir le fens; il eft vrai, dis-je, que ce renverfement univerfel du fens humain, tout affreux qu'il eft, préfente néanmoins comme un côté innocent; & que fi l'Idolâtrie a quelque chofe de plus abfurde & de plus extravagant dans fon objet, que le fyftême de l'Incrédulité, elle eft auffi

---

réfultent contre les ennemis du Chriftianifme : car mon objet principal eft ici de faire voir que les hommes feroient mille fois plus corrompus & plus méchants, fi l'incrédulité étoit libre de les former à fon gré, qu'ils n'ont pu l'être avec toutes les facilités que leur en donna autrefois l'Idolâtrie.

moins perverse & moins déréglée dans son principe. L'Incrédulité ne peut sortir que de l'extinction de toute lumière, de toute vertu, de toute conscience. Mais le vice & tout le déchaînement des passions, n'ont pu enfanter l'Idolâtrie, que par leur union avec un sentiment religieux. Elle est le produit d'un fond ténébreux, où reluit encore un foible rayon de vérité; elle est un mélange de désordre & d'un reste de droiture; enfin elle n'est pas tellement la ruine de la raison & de la sagesse, qu'elle ne laisse encore appercevoir, jusques dans ses excès les plus révoltans, des anciennes traces de la Religion originelle. Au lieu que tout est hideux dans l'Incrédulité; qu'elle emporte la destruction même de ce qui restoit de sain dans les cœurs idolâtres; qu'elle tend de sa nature, & par le caractère particulier de l'esprit qui la pousse, à la corruption des dernières sources, à l'anéantissement de tout principe, à l'abrutissement & à la dégradation de toutes les facultés humaines.

Examinez bien tous les différens changemens que la contrariété des intérêts, & le choc des passions, ont successivement produits dans les mœurs ou le culte des hommes. De toutes les causes du trouble porté dans le sein des Sociétés & des Religions, en trouverez-vous une seule qui présente, comme la Philosophie de l'Incrédulité, le caractère sensible d'une trame ténébreusement ourdie contre toute espèce d'autorité, & d'une manœuvre, dont le vice parvenu à son plus haut point de hardiesse & de déflagration, a voulu faire l'essai pour se cacher sa honte, se débarrasser de la vérité, & se délivrer de Dieu & des hommes ? Quelqu'horreur que vous inspire le tableau des abominations où l'Idolâtrie a plongé toute la terre, y découvrez-vous quelque part les mouvemens & les intrigues d'une cabale intéressée à effréner toutes les passions, & à livrer tout l'univers aux ravages de la licence ? Si nos ancêtres ont fait si aveuglément les premiers pas vers l'abîme où toutes les Nations sont tombées après eux, c'est qu'ils croyoient comme retenir le fond du premier cérémonial, & demeurer attachés au tronc de l'ancienne Religion. Le progrès du mal étoit si peu sensible, qu'il acheva d'enfoncer les peuples dans les plus extrêmes horreurs, sans avoir paru opérer de changement au milieu d'eux. Lorsque la lumière se retire par degrés, & qu'elle s'affoiblit par des décroissemens lents & imperceptibles, on n'est pas frappé des épaisses ténèbres dont on se trouve à la fin environné.

Il y avoit assurément des Philosophes & des esprits supérieurs qui s'appliquoient, au milieu de l'ignorance universelle & de toutes les pratiques insensées de l'Idolâtrie, à l'étude de la sagesse & à la recherche de la vérité. Mais ils étoient bien éloignés de faire servir la Philosophie à accréditer ce qui déshonore la raison ; & encore plus, de la mettre en œuvre pour éteindre ce qu'un culte extravagant pouvoit laisser subsister de sain & de vertueux dans le cœur des hommes. Ils reconnoissoient, pour la plupart, non-seulement l'unité de Dieu & l'immortalité de l'ame, comme des vérités qui font partie du sens humain; mais ils concluoient de-là que l'ame étoit une portion de la Divinité, une Divinité elle-même, un être éternel, incréé, & aussi nécessaire dans son existence, qu'incorruptible dans sa constitution. C'étoit, sans doute, un autre abus de raisonnement. Mais ce que je veux vous faire remarquer, c'est que lorsque la Philosophie n'a pas pour objet de servir les passions, & qu'elle ne fait pas cabale contre la sainteté des devoirs, ses écarts ne vont jamais à dégrader l'homme, ni à détruire le frein du vice & l'espoir de la vertu; qu'au contraire, son éloignement de la vérité est plutôt une exagération de la dignité de notre origine, de l'excellence de notre destinée & de la sévérité de nos obligations, que l'oubli de ce que nous sommes, de ce que nous devons faire, & de ce qui nous est réservé dans l'avenir. Au moins de tels Philosophes auroient-ils accueilli avec transport une Religion qui seroit venu réaliser, pour ainsi dire, ce beau rêve de leur raison, & leur apporter le supplément de ce qui manque à l'homme, pour être véritablement un être éternel & divin.

Mais, si avant la naissance de l'Idolâtrie, & au moment où la confusion des anciennes idées, & le déclin des mœurs commençoient à y disposer les hommes, il se fût trouvé des Philosophes de la trempe & de la vigueur de ceux qui de nos jours font consister le zèle de la vérité, dans le décri du Christianisme; qui eussent eu le courage de braver ouvertement le culte national, de se moquer des sacrifices & des cérémonies, de tourner en ridicule la Foi de la vie future, le respect pour les morts, & la religion des tombeaux ; & que le monde se fût rendu à l'inspiration d'une pareille Philosophie; il est évident qu'il ne seroit pas resté sur la terre assez de justice & de vérité, pour que l'Idolâtrie pût s'y établir. C'en étoit fait de tous les Temples & de toutes les Religions du monde : car l'extravagance & la férocité même du Paganisme, je vous le répète, ne pouvoit éclore que fur un fond où tout n'eſt pas gâté. Ainſi, l'on peut dire que la ſuppoſition d'un monde impie, ſans Foi, ſans Culte, ſans Autels, au lieu d'un monde idolâtre, eſt le cas unique où l'établiſſement du Chriſtianiſme auroit été plus difficile & plus prodigieux qu'il ne l'a été, & où le miracle du triomphe de la Croix & de l'Evangile ſur tout l'univers, eût paru, s'il eſt permis de s'exprimer ainſi, plus éclatant & plus divin. Ceux qui adorent tout, ne portent pas la haine eſſentielle du ſeul Dieu véritable; & le ſentiment de l'adoration excluſive qui lui eſt dûe, n'eſt pas entiérement effacé de leurs cœurs. Mais l'eſprit de l'Incrédulité, eſt de n'adorer rien, de ne dépendre de rien, & de ne reconnoître aucune puiſſance ſupérieure dans le Ciel ni ſur la terre.

Vous ne pouvez ignorer, mon cher Vicomte, dans quel ſtyle la liberté philoſophique s'exerce à la face du Public, ſur le compte des Souverains & des Gouvernemens; & il eſt aiſé de vous repréſenter ce que deviendroit le monde, ſi jamais on s'avisoit d'adopter dans la pratique les maximes étonnantes & désastreuses que nos intrépides Législateurs ne cessent de semer dans le sein des peuples. Si, dans les siècles d'Idolâtrie, tout étoit en désordre du côté de la Religion & des mœurs, au moins l'Autorité publique étoit à couvert. Et chez des Nations accoutumées à révérer leurs Rois, comme les enfans des Dieux, & destinés à le devenir eux-mêmes, on auroit dévoué à l'exécration, comme flétri du plus sacrilège attentat, quiconque auroit osé faire chanceler les Trônes, ou parler avec légèreté du respect & de l'obéissance qu'on rendoit aux Princes. L'erreur qui élevoit au-dessus de la classe humaine les Puissances de la terre, étoit du moins utile à la sûreté de la subordination, & au repos des Etats. Elle approchoit de la vérité du Christianisme, qui nous apprend que *toute Puissance vient de Dieu*, & que l'hommage de notre soumission à la majesté des Rois, est un devoir parallèle au tribut d'adoration que nous devons à la Majesté

Suprême. Mais ce n'eſt point ici que je veux vous parler du caractère perturbateur & ſéditieux de nos Philoſophes. Cette matière pourra ſe préſenter dans la ſuite.

On ne peut lire, ſans un mouvement d'indignation ou de pitié, certains Ecrits où l'on eſt étonné de trouver des réflexions pour l'apologie, & même à la louange de la Religion Payenne. Tant la haine de la vérité eſt puiſſante pour aveugler la raiſon ! Si cependant le monde, après la chûte du Paganiſme, n'avoit plus de reſſource que dans les déſeſpérans ſyſtêmes de la Philoſophie de notre ſiècle, il faudroit le plaindre d'avoir perdu ſes Temples & ſes Idoles. Il eſt impoſſible d'imaginer un moyen plus infaillible pour cauſer ſon extrême malheur, que de le faire tomber des ténèbres de l'Idolâtrie, dans l'abîme de l'Incrédulité. Ce dernier état eſt le pire de tous. Ailleurs, il reſte quelques veſtiges de raiſon & de vérité. Ici, toutes les vérités s'éteignent, toutes les règles s'évanouiſſent, tous les principes chancellent.

chancellent. Ou plutôt, des principes empoisonnés & destructeurs, viennent effacer jusqu'aux traits primitifs des impressions vertueuses, encourager l'Homme à n'envisager que lui seul dans la Nature, à renverser tout l'Univers, s'il en a la force, & si cette ruine peut servir à contenter un seul de ses désirs.

Dressez, si vous le pouvez, Monsieur le Vicomte, un tableau exact de tous les crimes & de toutes les horreurs dispersées dans l'Histoire du monde. Ajoutez-y le dénombrement de toutes les atrocités qui ne sont que possibles, & dont la méchanceté n'a pas encore osé souiller la terre. Après cela, étudiez les systêmes de l'Incrédulité, & appliquez-vous à en bien saisir l'esprit & le véritable dessein. Si de toutes les abominations que vous aurez recueillies ou imaginées, il s'en trouve une seule que vous ne puissiez clairement justifier d'après les principes dont vous aurez pris connoissance dans les livres qu'on appelle *Philosophiques*, vous serez une nouvelle preuve ajoutée à beaucoup d'autres, qu'un homme d'esprit peut être la dupe de l'artifice le plus hypocrite qui fût jamais.

QUATRIÈME DISCOURS.

Suite du précédent.

Vous dites, mon cher Vicomte, que les *Incrédules que vous connoissez, sont des hommes pleins de vertu & de bonne-foi.* D'accord; mais ce sont des hommes qui vous ressemblent, des *enrôlés* qui n'ont pas l'esprit de l'état où ils se sont laissés engager, & qui n'y sont pas propres. Ils se sentiroient bientôt une pente insurmontable pour retourner au Christianisme, qui est la perfection de tout ce qui est juste, vertueux & honnête, s'ils n'avoient des raisons de position & de circonstances, pour refuser de s'écouter eux mêmes. Ce sont des disciples qui ne sont pas bien *initiés* dans la politique de la Secte, qui de son côté ne se révèle qu'avec réserve, & qui tolère dans les ames délicates, un reste de vénération pour la vertu. Mais il n'y a plus ni vertu, ni morale pour ceux qui ont reçu la plénitude de l'esprit philosophique, qui est d'anéantir toute idée d'ordre & de justice, & de proscrire irrévocablement tout ce qui gêne l'essor de l'indépendance, ou circonscrit la liberté. Non, il ne manquera jamais à l'Incrédulité, pour être crainte & haïe de tous les hommes, que ce qui manque à la Foi pour être universellement chérie & adorée sur la terre; c'est d'être profondément connue.

Pourquoi le vice dont le règne est de tous les âges, & dont la tendance native est de détruire toutes les idées qui le contrarient, gardoit-il un si profond silence dans les temps de l'Idolâtrie? Pourquoi ne se revêtoit-il pas de cette forme Philosophique & savante, qui le déguise si heureusement aujourd'hui à nos yeux? Comment ne composoit-il pas des livres contre les vérités de l'autre vie, & où le mépris des Dieux, du Tartare & des Champs-Élisées, pût se glisser à travers le prestige d'une élocution fine, dans l'esprit des hommes, afin qu'exempts de toute attente, ils fuſſent libres de tout remords? C'eſt qu'indépendamment du frein des Loix, & du peu de ſûreté qu'il y auroit eu à vouloir ébranler les fondemens d'un Culte qui tenoit à la conſtitution de l'Etat, & dont on auroit traité les contempteurs, comme les ennemis de la Patrie; c'eſt, dis-je, que toutes les paſſions ſe trouvoient bien d'ailleurs de cette ſituation des choſes; & que dans cette confuſion & cette multitude de Dieux, d'inclinations & d'humeur ſi différentes, elles avoient pour elles à-peu-près l'équivalent de l'Athéiſme. Il étoit inutile que la corruption devînt raiſonneuſe & ſyſtématique, dans le ſein d'une Religion qui lui accordoit des Autels, & qui lui donnoit place dans ſon Cérémonial. Cette tranquillité de la dépravation humaine, étoit le ravage ſilencieux & ſourd d'un débordement qui ne trouve point de digue à renverſer, & qui noie & déſole tout ſans fracas.

Mais auſſi-tôt que toutes les paſſions déréglées ſe virent dévouées à la honte, par la chûte de l'Idolâtrie, & menacées d'un éternel châtiment par l'établiſſement du Chriſtianiſme, il a bien fallu que leur haine eſſentielle contre tout ce qui les aſſujettit, devînt éclatante, & que le vice s'agitât de toutes les manières, pour retrouver la liberté & l'impunité perdues par cette révolution. C'eſt alors que des hommes ténébreux ſe ſont rencontrés, & ont dit : Publions qu'*il n'y a point de Dieu.* Le monde affranchi de cette puiſſance importune & ſévère, redeviendra le théâtre de la pleine indépendance, & nous ne ceſſerons de répéter à tous les puſillanimes que la crainte de l'avenir troublera : *il n'y a ni juſtice, ni intelligence au-deſſus de vos têtes.* Voilà le brutal & ſtupide ſtratagême dont les premiers libertins que la ſévérité de l'Evangile a révoltés, ont oſé entreprendre de déguiſer ſous des formes académiques, l'effroyable monſtruoſité. Mais on ne s'attendoit pas, peut-être, à voir reſſuſciter cette horreur ſous la plume de nos Contemporains. On a vu pourtant ſe renouveller de nos jours,

IRRÉLIGIEUX.

au milieu de la grande lumière que la Foi répand fur toute la terre, ce fyftême affreux, environné de tout l'appareil de la plus férieufe dialectique; & un miférable Transfuge de la Religion de fon Prince & de fa Nation, n'a pas craint de retirer cette immondice du fond de fon cloaque, & de préfenter à fes concitoyens, la plus fangeufe invention du vice, comme la doctrine où doivent aboutir toutes les recherches d'une raifon fupérieure & profonde.

Mais l'Auteur du *Syftême de la Nature*, en précipitant, comme il l'a fait, la réduction de tous les fyftêmes philofophiques à l'Athéifme, a brufqué les intentions de fa Secte, qui ne vouloit pas faire éclater fi-tôt ce dénoûment de fes graves manœuvres (1). Car on étoit fage-

---

(1) Auffi cet audacieux Ecrivain a-t-il effuyé des reproches, des contradictions & des réfutations, de la part même des zélateurs de fes principes. Car l'adroite précaution qu'il a prife de tirer du tombeau d'un homme de bien, le nom qu'il a placé à la tête de fon livre, n'a donné le change à perfonne; il étoit trop aifé de *reconnoître l'Artifan à l'œuvre*. Quoi qu'il en foit, il réfulte tou-

ment convenu de ne pas effaroucher le monde par des idées si extraordinaires. On avoit même fait semblant de lancer les plus foudroyans anathêmes contre les anciens Athées, & d'établir la nécessité d'un Dieu & d'une Providence. La prudence avoit été plus loin encore. Songeons qu'il y a des ames extrêmement foibles & craintives, avoit-on dit, qui ont de Dieu & de l'avenir une peur insurmontable. Laissons-leur donc croire que Dieu veut être adoré, qu'il y a des vertus & des devoirs dans cette vie, des punitions & des récompenses réservées pour l'autre : car tous ces articles sont sans conséquence, pourvu que nous parvenions à faire rejetter toute révélation. En effet,

---

jours de la suite de ce hideux ouvrage, que tous les systêmes contraires à la Foi, se résolvent dans l'Athéisme, pour quiconque veut les adopter logiquement ; & que toute doctrine qui tend à éloigner les hommes de l'Evangile, reflue naturellement dans cet effroyable abîme.

Il y a plus, M. *le Franc*, Archevêque de Vienne, dans son excellent Ouvrage de *la Religion vengée de l'Incrédulité par l'Incrédulité elle-même*, a forcé très-géométriquement l'Auteur du *Systême de la Nature*, de faire encore un pas au-delà du point où il avoit cru pouvoir s'arrêter : & ce pas le fait tomber dans le gouffre du Pyrrhonisme le plus stupide & le plus absolu.

s'il est reçu que Dieu ne parle aux hommes qu'au fond de leur conscience, vous n'êtes plus comptable qu'à vous-même de vos actions & de votre conduite. Votre conscience qui ne vous donnera jamais plus de lumière que vous n'en voudrez, ne traversera point du tout vos penchans, & sera toujours aux ordres de votre cœur. Vous voilà donc juge absolu & imperturbable du bien & du mal, seul créateur de vos principes & de votre morale. Que faut-il davantage? La liberté se trouveroit-elle plus à couvert sous les pavillons de Spinosa? Ainsi, réussissons seulement à rendre le Christianisme haïssable & ridicule; & toutes les règles qui gênent l'indépendance, s'évanouiront comme une vapeur.

Or, pour porter à la Foi ce grand coup qui doit décider de tout, donnons-nous d'abord pour des hommes pétris de sensibilité & de dilection. Ne paroissons touchés que du saint amour de l'ordre & de la paix. Ne parlons que d'éclairer & de rendre heureuse l'aveugle & souffrante

Humanité. Gémissons profondément des épaisses ténèbres qui couvrent l'horison de la France ; & poussons d'amers soupirs vers ces heureuses contrées du Nord, où notre superstition & notre ignorance ont relégué *les lumières & la félicité* : & lorsque le monde ne pourra plus douter de la vérité de nos sentimens & de notre zèle, nous deviendrons plus animés & plus rapides ; nous hasarderons quelques éruptions vigoureuses ; nous ferons marcher à la découverte quelques partisans subalternes, dont la témérité ne sera point imputée à leurs Chefs. Insensiblement le Comité grossira & deviendra imposant ; les grands & les petits, les savans & les ignorans, voudront faire les difficiles en croyance ; ils douteront, ils raisonneront, ils dogmatiseront ; & le mépris de la Religion & de ses Loix, deviendra la Philosophie par excellence. Alors, ne gardons plus de mesures ; que le langage de l'Incrédulité passe de nos bouches dans toutes les sociétés ; répandons-le dans nos Ecrits, quel qu'en soit le dessein, & ne connoissons point du sujet incompatible avec le décri du Christianisme : confondons-le avec tous les vices qui ont régné dans son sein ; approprions-lui tous les ridicules de la superstition ; imputons-lui tous les ravages du fanatisme ; rendons-le comptable de tout le sang versé en son nom ; incorporons-lui toutes les iniquités de la terre ; faisons-en un tableau composé des plus effrayantes monstruosités, qu'une imagination ténébreuse puisse évoquer du sein de l'enfer.

Ainsi ont raisonné, dans leur frénésie, les ennemis de la Sagesse. C'est sur ce plan qu'ils ont entrepris de déchaîner tous les vices, & de livrer le monde à tout le désordre des passions. En vain ils se sont efforcés de modifier, d'adoucir & de varier les procédés. L'unité de fin rassemble Athées, Matérialistes, Théistes & toutes les espèces d'Incrédules, dans une seule classe d'hommes, & les rend tous également les fléaux de la vertu, & les destructeurs de la Société.

Vous donc, mon cher Vicomte, qui

avez tant de peine à croire que les Philosophes irréligieux n'ont en vue que la ruine des mœurs, permettez-moi de vous faire cette question : Quel seroit le moyen qu'on pourroit employer le plus efficacement, pour corrompre tout le Genre-humain, bannir de la terre toute idée de justice & de vertu, & affranchir le monde de toute dépendance & de tout devoir ? N'est-il pas évident que ce moyen seroit d'éteindre dans les cœurs le remords, l'espérance, la crainte de Dieu & des hommes ? d'amener chaque individu à n'aimer que lui seul dans l'univers ? à se faire le centre & la fin de tout le reste ? & à ne savoir céder, dans la recherche du bonheur personnel, qu'à l'impossibilité ? Or, ne faut-il pas vouloir s'aveugler soi-même, pour ne pas voir que c'est à ce mépris de toute autorité, à cet oubli de tout principe, à cet égoïsme destructeur de toute vertu sociale, que se rapportent tous les systêmes, toutes les maximes & toutes les vues de l'Incrédulité ? Voulez-vous vous former une idée de ce que seroit le théâtre de l'Univers, s'il n'étoit plus régi que par l'inspiration de l'Esprit philosophique ? Représentez-vous des hommes toujours prêts à se dévorer, & qui ne peuvent plus passer les uns devant les autres, qu'avec la défiance & la terreur dont on est saisi, à la rencontre des lions & des tigres. Et c'est dans un *siècle de lumières*, qu'on a pu accueillir sérieusement ce qu'une perversité absurde pouvoit inventer de plus funeste au repos du monde ! Pesez bien ces terribles réflexions, mon cher Vicomte. Certes, quand l'Incrédulité seroit moins coupable dans son motif, & qu'elle pourroit se justifier du reproche flétrissant d'avoir voulu nuire aux hommes, & les rendre plus malheureux, ne suffit-il pas, pour vous la rendre haïssable, qu'elle cause en effet le malheur de l'humanité, & qu'elle ait des conséquences désolantes? Ce qui ressemble si fort à une manœuvre de méchanceté, peut-il jamais mériter votre estime? ou pouvez-vous recevoir avec indulgence, ce que votre ennemi vous serviroit pour vous perdre ?

Pour passer maintenant à des considérations un peu plus profondes, Monsieur le Vicomte, & achever de vous convaincre de la malignité de l'artifice philosophique, remarquez bien, 1°. que si chaque homme étoit réellement un être isolé, absolu & libre de toute espèce de relations ; qu'il ne fût ni effet d'une cause supérieure, ni objet d'aucun dessein, ni partie d'aucun tout ; il seroit impossible d'imaginer des devoirs, de se figurer des vertus, de soupçonner une différence du bien & du mal. En un mot, il ne pourroit y avoir ni Religion, ni Morale ; ou, si vous voulez, toute la morale consisteroit dans la conformité des inclinations & des actions humaines, avec l'intérêt exclusif du bonheur personnel. Ainsi, dans cette supposition, l'avantage de chaque individu seroit la règle de toute justice ; & son pouvoir ne pourroit connoître d'autres bornes, que celles de ses forces. Voilà ce que je vous ai préfenté comme le vœu effentiel du Parti Philofophique.

Mais, 2°. écoutons un moment la voix du bon sens & de la Nature. La première vérité qui fe découvre à l'Homme, dès qu'il commence à fe fentir lui-même, c'est le double rapport qui d'un côté le fubordonne à l'Etre fouverain dont il eft l'ouvrage, & qui de l'autre l'unit à la Société dont il eft membre. Voilà le premier germe de la moralité qui diftingue nos habitudes ; & c'eft de ces deux relations de l'homme, que découlent comme d'une fource unique & féconde, toutes les Loix & tous les préceptes qui doivent régler l'ufage de fa liberté, & décider s'il eft jufte ou pervers, bon ou méchant. La Juftice n'eft donc autre chofe que l'accord de nos facultés, avec les deux rapports que nous contractons dès le moment de notre apparition à la lumière. N'étoit-ce pas de ce principe, fi fenfible & fi fimple, que devoient naturellement partir ceux qui ont voulu nous donner des *Codes de la Nature*, des *In-*

terprétations de la Nature, des *Systêmes de la Nature ?* Il n'étoit pas nécessaire pour cela d'afficher trop de dévotion, ni de compromettre la dignité de Philosophe. On n'avoit que l'Athéisme à sacrifier à la Vérité ; c'est-à-dire, l'opprobre du dernier abrutissement, à l'honneur d'être homme. Ces idées primitives & élémentaires ne pouvoient-elles pas servir de base à des vues philosophiques sur la Morale, la Politique & la Législation ? Mais c'est qu'un corps de Doctrine, appuyé sur des notions si saines, s'il eût été bien lié & bien conséquent, n'eût pas manqué de conduire à des maximes trop voisines de celles de l'Evangile ; & c'eût été disposer les hommes à aimer ce qu'on se proposoit de leur faire haïr.

Expliquons 3°. comment ce double rapport dont je viens de parler, est le véritable & unique fondement de toute justice. L'Homme, envisagé par sa relation avec l'Etre infini dont il est la créature, & de qui il dépend de la dépendance la plus intime, la plus absolue & la plus universelle, telle, ne peut, sans déplacer & dénaturer ses facultés, leur donner une direction qui contrarie sa subordination essentielle. Et puisqu'il réside en lui un principe qui pense, qui juge, qui estime & qui aime, il s'ensuit qu'il doit reconnoître l'empire suprême du Créateur sur lui; qu'il lui doit le premier rang dans son estime, dans son amour, dans son attachement. Il n'y a que ceux qui ne veulent rien voir dans le Ciel ni sur la terre, qui puissent douter que ce ne soit-là l'ordre immuable & nécessaire des choses. Si donc l'Homme trouve au-dedans de lui des principes de contrariété & d'opposition au maintien de cette harmonie si inviolable, il sentira en même temps la nécessité où il est de leur résister & de les combattre; parce que, quelqu'obscure que soit pour lui la cause d'une telle division, rien ne peut affoiblir à ses yeux l'évidence du précepte que lui imposent sa conscience & sa raison, de donner à Dieu dans son esprit & dans son cœur, le même rang qu'il tient dans la Nature. De-là cette conséquence : Donc l'*Homme*, fût-il seul au monde, doit obéir à son Dieu, & commander à ses sens. Quelque profonde que soit la solitude où il s'enfonce, il a à vivre avec Dieu & avec lui-même ; &, dans la retraite la plus isolée nous avons un Maître à contenter, un *Empire* à gouverner sous ses ordres, des sujèts à réduire, un peuple de passions à dompter & à soumettre. Nous avons à arrêter une imagination bisarre & impérieuse, qui veut régner sur l'esprit ; nous avons à assujettir des sens rebelles qui veulent gouverner la raison ; nous avons à régler des humeurs sans frein & sans loi, qui nous subjuguent tour-à-tour ; nous avons à réduire des besoins immenses qui crient toujours, des désirs inquiets qui nous agitent ; des idées chimériques de gloire & de bonheur, qui multiplient encore à l'infini nos besoins & nos désirs (1). Nous voilà à l'Evangile, mon cher Vicomte ; car *abnégation, vigilance, mortification & pénitence*, ne sont que l'exposition de cette saine & ancienne Philosophie qui met

---

(1) Essai sur le Beau.

Dieu & l'homme à leur place ; & la morale de l'Evangile est le vrai *système de la Nature* & de la Raison.

Si, 4°. nous considérons maintenant l'homme dans son rapport avec la Société, nous appercevrons aussi distinctement le principe de tous les devoirs du Citoyen. Et d'abord, je vois, sans qu'il m'en coûte le moindre effort d'application, que la préférence que je dois à la Société sur moi, tient à celle que je dois à Dieu même : car je ne puis, sans renverser l'ordre, refuser la préférence sur moi, à ce que Dieu me préfère ; parce que voir, juger, estimer & agir autrement que lui, m'égare de la vérité, pervertit la destination de mon entendement, rend le mouvement de mes facultés, comme *excentrique* à celui de l'intelligence souveraine, & anéantit ma dépendance. Or, il est sensible que Dieu veut plus spécialement & plus directement l'existence, la conservation & la félicité de la Société, que le bien ou la durée de l'un des individus qui la composent. C'est une vérité qui est de principe, & qui se manifeste aux yeux de tous, dans cette loi primitive, selon laquelle les hommes descendent d'une source commune, naissent égaux, se multiplient & se succèdent, afin qu'au milieu des débris de la mortalité humaine, la Société subsiste & se perpétue, suivant les vues profondes de la divine Sagesse. L'Homme rencontre donc à côté de lui, comme au-dessus de lui, un centre de ses facultés & de ses actions. Il se doit encore tout entier à cette Divinité de la terre, le plus magnifique ouvrage & le plus noble objèt des desseins de la Divinité du Ciel; de sorte qu'il ne peut rompre les attaches sacrées qui le lient aux autres hommes, sans s'isoler en même temps de l'Etre infini, qui est le centre universel & la fin éternelle de toute créature & de toute économie.

Par une conséquence nécessaire, chaque homme doit encore le pas sur lui, à tout ce qui a une influence plus universelle ou plus immédiate que lui, sur la conservation, l'intérêt & le bonheur du

Corps social; & il doit mettre en même rang que lui, c'est-à-dire, estimer & aimer comme lui-même, tout individu qui est placé sur la même ligne que lui, & qui influe, dans la même proportion, sur l'harmonie générale : de-là tous les devoirs de l'homme envers la Patrie, les Souverains & ses Concitoyens.

J'ai donc eu raison de vous dire que notre *Justice*, c'est-à-dire, ce qui nous rend parfaits & bons, *résulte essentiellement de la conformité de nos actions & de nos habitudes avec nos relations*. Comme résultat de nos rapports avec la Divinité, elle est la *Religion*; & comme dérivée de notre correspondance avec la Société & tous le hommes qui la composent, elle s'appelle la *Morale*. Partout elle est la *Vertu*, parce qu'elle ne peut subsister qu'avec la disposition à tous les sacrifices de l'intérêt personnel.

Lorsqu'on fait attention à ces notions originelles, auxquelles on peut défier tous les Incrédules de la terre d'opposer une seule idée qui soit présentable, on ne peut s'empêcher de convenir que les Auteurs des Ecritures sacrées, quels qu'ils soient, n'ont au moins rien voulu changer à l'ordre de ces vérités fondamentales; qu'ils ont au contraire puisé dans les plus sûres lumières de la Raison, tout le fond de leur Doctrine, & tracé sur la destination naturelle de l'homme, tout le plan du système qu'ils lui présentent. Tout ce que le Livre, dont les Chrétiens respectent le contenu, comme le dépôt des révélations divines, propose ou commande aux hommes, ne tend qu'à resserrer les nœuds qui les unissent à Dieu & à la Société, & à leur rendre infiniment chers tous les devoirs que cette double union leur impose. En nous montrant l'homme sortant des mains de Dieu, associé aussi-tôt à un être qui lui est semblable, qu'il reconnoît même pour *la chair de sa chair, & l'os de ses os*, il nous découvre en abrégé, 1°. l'économie de la Religion qui rapporte tout à Dieu comme à sa source éternelle, & au centre immuable de toute intelligence; 2°. l'établissement de la Société, comme le premier état du genre-humain, & comme un Corps où rien ne meurt ; & à qui l'éternité eſt promiſe. Et ſur-tout lorſque nous voyons toutes les générations de la terre, deſcendre d'un ſeul homme comme du père commun de la Famille immortelle, nous trouvons le puiſſant intérêt de la Nature & du ſang, mêlé à tous les motifs qui nous preſſent d'aimer les hommes, & de faire ſervir toutes nos puiſſances au maintien de l'ordre & de l'unité publique. Ce Décalogue ſi ancien, que Moïſe nous donne pour être ſorti du ſein même de la Sageſſe infinie, ne renferme abſolument que la règle de conduite que l'homme doit ſuivre pour être juſte devant Dieu, & bon pour ſes Concitoyens. Et dans l'Evangile, Jéſus-Chriſt vient inſiſter avec une nouvelle force ſur ces deux points qui renferment tout. Il ne fait qu'un même précepte de l'amour de Dieu & des hommes ; & ce précepte, il l'appelle *le premier & le plus grand de tous, le ſien* par excellence. Il rapporte là toute la ſuite de ſa morale ; & il n'a pas dit un seul mot qui ne tendît à faire adorer Dieu en esprit & en vérité, & à remplir nos cœurs de l'amour le plus généreux & le plus tendre pour tous nos frères. Il nous donne autant d'exemples, que de leçons de respect & de soumission aux Puissances. Il ne distingue pas même ce devoir du tribut d'adoration que nous devons à la Majesté infinie; & César est placé à côté de Dieu même, dans le commandement qu'il nous fait d'être obéissants & fidèles. Si donc il étoit vrai que les Ecrivains de la Religion nous eussent donné, comme les Oracles du Ciel, les productions de leur propre esprit, il seroit toujours très-certain qu'ils ont fait du bien aux hommes; qu'ils ont rappellé la raison à ses plus purs principes; qu'ils l'ont reconduite, pour ainsi dire, dans son pays natal, & qu'ils étoient par conséquent de vrais & excellens Philosophes. La malicieuse politique des mauvais, ne peut donc plus être un mystère pour vous.

Qu'on propose ce problême: *Trouver une méthode infaillible pour détruire toutes*

IRRÉLIGIEUX. 73

les notions de justice, de vertu & de devoir. Voici la solution: *Aveuglez & étourdissez les hommes sur les rapports qui les lient à des objèts étrangers, & qu'un chacun se croie son tout & sa fin.* Voilà le tombeau de toute idée religieuse & morale, & par conséquent la ruine de tous les principes des obligations humaines. Or, qui a pu vouloir creuser ce tombeau, & causer cette ruine ? Prenez les livres des Philosophes; lisez, jugez & frémissez.

CINQUIEME DISCOURS.

Caractère destructeur & séditieux de l'Incrédulité.

Qu'un Philosophe, mon cher Vicomte, qui fait profession de mépriser la Religion & d'en décrier la Doctrine, affecte, tant qu'il pourra, le ton & la sensibilité d'un homme éperdument touché du bonheur de ses semblables, il n'évitera jamais la honte d'être un mauvais Citoyen, & un perturbateur de l'ordre public. En empruntant le caractère d'Apôtre de l'Humanité, il ne peut plus se proposer d'autre fin, que de détourner l'idée odieuse de son caractère véritable. Car il sait bien qu'au fond les Loix sociales ne peuvent plus avoir d'appui dans un cœur où l'irréligion a trouvé place; & qu'il n'y a plus que de l'hypocrisie à vouloir faire ostentation de zèle, pour des règles dont on a dénaturé l'origine, anéanti l'ame, & tari toute la sève.

Il sait bien qu'ayant détruit l'harmonie dans son centre, & l'unité dans sa source, le concert civil n'est plus qu'un mot vuide de sens; & que pour un homme comme lui, l'ordre consiste à tout sacrifier à l'amour de soi-même. Celui qui, après s'être étudié à avilir à nos yeux le spectacle de la Religion, veut ensuite nous intéresser à celui de la Société, ressemble parfaitement à un homme, qui, tout-à-la-fois tourmenté du besoin de nuire & de la passion d'être estimé, veut paroître étançonner & soutenir un édifice dont il a auparavant miné tous les fondemens.

En effet, je ne sais plus ce que c'est que la Société, dès que vous lui ôtez ce caractère de grandeur & de perpétuité qui la rendoit à mes yeux si digne de ma vénération & de mon dévoûment. Je n'y vois plus qu'une masse d'êtres indéfinissables, jettée, on ne sait à quel dessein, dans l'immensité de l'espace; qu'un hors-d'œuvre posé au milieu de l'abîme de l'Eternité, qui l'engloutit comme un atôme; qu'une scène énigmatique qui ne tient &

ne correspond à rien, & dont on ne peut deviner l'intention, ni prévoir le dénoûment. Vous ne parlez que de serrer les nœuds sacrés qui unissent les hommes! Mais ce Tout lui-même, que vous appellez *la Société*, & où vous voulez tant d'union & d'harmonie, n'a-t-il besoin d'être lié à rien? & cette chaîne, qui ne doit faire de tous les hommes qu'une seule famille, ne demande-t-elle pas de dériver de quelque chose de stable, d'antérieur à toute économie humaine, & de s'étendre au-delà de ce que nous voyons autour de nous? N'embrasse-t-elle que la génération présente? & tous ces millions d'hommes qui ont disparu de dessus la terre, ne sont-ils plus rien à cette Société qui subsiste aujourd'hui sur leurs tombeaux? A quoi ferez-vous donc tenir la première attache du lien social? Si, pour me montrer le point de consistance qui soutient la sanction des devoirs que vous m'imposez, vous ne me conduisez ni en deçà, ni au-delà de la Société du temps présent; le période actuel est donc tout, centre de tout, principe & fin de tout. Il n'y a donc point de deffein ultérieur dans la Nature. Quelles idées, Monfieur le Vicomte ! Vous retrouvez-vous bien vous-même au milieu de pareils abîmes ? & le Philofophe qui ifole ainfi le Corps focial, ne m'ifole-t-il pas moi-même de cette Société, à laquelle il veut que je faffe le facrifice de tout ce que je fuis ? Le fpéculatif, qui ne l'envifage, pour ainfi dire, qu'à l'*abftrait*, trouvera toujours, fans doute, de grandes Sentences & de pompeufes exclamations, pour donner une apparence de dignité à ce fimulacre, où il ne refte aucun principe de vie. Mais que peut-elle être cette Société, pour l'Homme qui paroît un inftant au milieu d'elle, & qui s'en fépare tout d'un coup, pour fe précipiter dans un tombeau où elle lui devient éternellement étrangère ? Y a-t-il pour moi quelque chofe de plus inconcevable, que cette vocation momentanée & rapide à agir, fouffrir & m'immoler pour des êtres auffi fugitifs que moi ? Quel peut être le principe d'une telle deftination ? je vous le demande, parce que je ne le vois nulle part, & que tout me paroît songe & chimère dans la vie humaine, dès qu'on m'a ôté la vue de ce grand Dieu devant qui rien ne périt, qui me découvre dans son sein éternel, où je dois revoler en quittant mes concitoyens, le premier anneau de la chaîne qui m'unit à eux sur la terre, & qui est lui-même le lien de toute Société, le centre & le modèle de toute unité, le point stable de tout équilibre, & la dernière raison de tout devoir.

Ainsi, d'un même coup la Philosophie ruine tout le principe, & fait évanouir tous les motifs des vertus sociales. Elle assoupit toute l'activité des puissances de l'ame; elle relâche tous les ressorts du courage; elle arrête tout le mouvement de la sensibilité, & pétrifie tous les cœurs. L'une des plus grandes absurdités où soient tombés les Philosophes, pour établir la compatibilité des grandes vertus, avec le système de l'Incrédulité, c'est d'avoir voulu faire servir à ce dessein, les sacrifices mémorables faits au bien public par les Héros des siècles payens, & de ne cesser de faire retentir à nos oreilles les noms des *Décius*, des *Fabius*, des *Camille*, des *Brutus*, des *Manlius*, &c.; comme si ces hommes avoient quelque chose de commun avec l'Incrédulité ! Quel rapport peut-il exister entre un Capitaine ou un Consul Romain, & tous ces êtres *inerts* & systématiques, hommes sans principes, sans caractère & sans bienséance, qui ne sont connus dans leur Patrie que par l'horreur qu'ils inspirent à tous les vrais Citoyens ? Ce n'est pas l'ignorance, mais la haine raisonneuse & réfléchie de la Religion, qui emporte la totale dépravation des mœurs, & le renversement de tous les appuis de la Société. Je vous l'ai dit, mon cher Vicomte, le Paganisme est bien moins contraire que l'Incrédulité au maintien de l'ordre & de la tranquillité publique (1). Des aveugles-nés peuvent vivre ensemble, conserver l'amour de

---

(1) Troisième & quatrième Discours.

la bonne intelligence, & pousser aussi loin qu'elle peut aller, la pratique des vertus qui assurent le repos & la prospérité commune. Mais des hommes qui, au milieu de la grande lumière qui les éclaire, se bandent volontairement les yeux, sont des frénétiques incapables de former un corps qui puisse subsister, & qui ne sauroient plus que se craindre, se froisser, s'entrechoquer & se détruire. Il ne s'agit ici ni d'approfondir, ni d'apprécier les vertus des Payens. Mais ce qui est très-clair pour tous ceux qui connoissent l'esprit de l'Incrédulité, c'est que rien de ce qui est vertueux ne lui peut appartenir; c'est que tout véritable homme de bien, quel qu'ait été son siècle & son Culte, auroit été essentiellement inhabile à une Philosophie telle que celle qui scandalise aujourd'hui la probité la plus indulgente; c'est que quiconque a été inspiré par la vertu, qu'il soit Scythe, Grec ou Romain, loin qu'on puisse en faire un ancêtre de la Génération philosophique, étoit, si on peut le dire, une ébauche du Christianisme; il tenoit

tenoit à l'Evangile par tout ce qui résidoit de vrai & d'honnête dans son cœur; il embrassoit confusément cette Religion adorable qui imprime une sanction si auguste aux actions généreuses.

Mais ce n'est plus aujourd'hui par le contrecoup qui fait retomber sur les mœurs publiques les maux de la Religion, que la Société a tout à craindre du caractère séditieux & perturbateur de l'Incrédulité. Autrefois nos Philosophes avoient une apparence de raison pour se plaindre de ceux qui, révoltés de la hardiesse de leurs Ecrits, les accusoient de porter atteinte à toute autorité, & d'être autant les ennemis des Trônes que des Autels. Ils étoient encore réservés alors sur tout ce qui pouvoit compromettre leurs sentimens, ou obscurcir les principes de subordination, de tout temps sacrés & inviolables chez tous les peuples. Ainsi le reproche dont on les chargeoit, de nuire aux hommes, & de faire chanceler tous les fondemens de la sûreté sociale, ne portoit que sur les conséquences qui devoient résulter du décri public de la Foi. Maintenant nous sommes à portée de nous convaincre que le but du Philosophisme, comme celui de toutes les autres inventions, étoit d'atteindre à sa perfection ; & l'Autorité souveraine qu'il n'ébranloit, il y a quelques années, que par la répercussion des coups qu'il portoit au Culte national, est devenu aujourd'hui l'objet direct de sa plus féroce déflagration. Aujourd'hui, on peut adresser à toutes les Nations de l'univers, pour *résumé* des lumières philosophiques, cet étrange & affreux discours :

« Peuples de la terre ! voulez-vous être
» heureux ? Démolissez tous les Temples,
» & renversez tous les Trônes. Ouvrez
» enfin les yeux sur l'origine de vos mal-
» heurs. L'imposture (1) des Prêtres vous

---

(1) *Révol. de l'Amérique.* Très-petite & très-séditieuse brochure, qui parut il y a quelques années, & où l'Écrivain qui voit tout en grand, ne balance pas à nous apprendre assez distinctement, que le malheur où est tombé le genre humain de reconnoître des Maîtres, tient à la même imbécillité qui nous a fait écouter des Prêtres, & recevoir des mystères.

» a fait adorer ce qui fait horreur à la
» raison; & ce premier pas dans la stu-
» pidité, vous a précipité dans l'avilis-
» sement de l'esclavage. C'est *la Philo-*
» *sophie qui doit tenir lieu de Divinité*
» *sur la terre; elle seule éclaire & sou-*
» *lage les humains*, parce qu'*elle leur*
» *fait* connoître & *haïr la tyrannie &*
» *l'imposture*...... *Les méchans la calom-*
» *nient....* Ingrats! *qui se soulèvent contre*
» *une mère tendre, quand elle veut les*
» *guérir des erreurs & des vices qui font*
» *les calamités du genre-humain.* Fuyez,
» fuyez les Temples; c'est l'*Imposture*
» *qui y parle*. N'écoutez plus vos Maîtres;
» *la flatterie* qui les a corrompus, les
» rend indignes de votre hommage. Subs-
» tituez aux uns & aux autres l'*Ecrivain*
» *de génie*; la Nature l'établit seul Prêtre
» de la Vérité; seul organe incorruptible
» de la Morale; *il est le Magistrat-né de ses*
» *concitoyens.* La Patrie est son Temple,
» *la Nation son Tribunal, le Public*
» *son Juge*, & non le Despote qui ne
» l'entend pas, ou le Ministre qui ne veut

F 2

» *pas l'écouter.* Non, ce n'est qu'*aux Sages*
» *de la terre qu'il appartient de faire*
» *des Loix; & tous les Peuples doivent*
» *s'empresser de leur obéir.....* Isle fortu-
» née de *Ceylan!* tu étois digne de la
» félicité qui a régné dans ton sein. Car
» tu *assujettissois ton Souverain à l'ob-*
» *servation de la Loi, & tu le condam-*
» *nois à la mort,* comme le plus obscur
» des réfractaires, s'il osoit la violer.....
» *Peuples!* ne *connoîtrez*-vous jamais *vos*
» *prérogatives?* & cet usage si ancien &
» si vénérable, ne devroit-il pas *subsister*
» dans toutes les contrées de la terre?
» Songez donc que c'est là la base de
» tout Gouvernement où l'on ne veut
» pas abrutir & dégrader les hommes;
» & que *la Loi n'est rien, si ce n'est*
» *pas un glaive qui se promène indistinc-*
» *tement sur toutes les têtes, & qui abat*
» *tout ce qui s'élève au-dessus du plan ho-*
» *risontal sur lequel il se meut* (1).

---

(1) *Hist. Philosoph. & Pol. de l'Etabliss. des Europ. dans les deux Indes.*

» Vous donc qui vous faites insolem-
» ment adorer du haut de ces Trônes
» qui n'en imposent qu'à l'ignorance,
» *fléaux du genre-humain, illustres tyrans*
» *de vos semblables, hommes qui n'en*
» *avez que le titre, Rois, Princes, Mo-*
» *narques, Empereurs, Chefs, Souverains;*
» *vous tous enfin qui, en vous élevant*
» *au-dessus de vos semblables, avez perdu*
» *les idées d'égalité, d'équité, de socia-*
» *bilité, de vérité, je vous assigne au*
» *Tribunal de la Raison; écoutez : si ce*
» *globe malheureux a été votre proie, ce*
» *n'est point à la sagesse de vos prédé-*
» *cesseurs, ni aux vertus des premiers*
» *humains, que vous en êtes redevables;*
» *c'est à la stupidité, à la crainte, à la*
» *barbarie, à la perfidie & à la superf-*
» *tition : voilà vos titres* (1).

» Mais ne vous prévalez pas de la
» longue impunité de vos crimes, ni
» du profond silence où vous avez ré-
» duit toutes les victimes de votre into-

---

(1) *Le Proph. Philos.*

» lérable orgueil. Ce silence est le repos
» du désespoir, & le signal terrible du
» soulèvement universel. Le monde, à
» force de souffrir, cessera de vous craindre ; & tant de milliers d'hommes dépouil-
» lés de tout par votre dureté, enhardis
» par le sentiment de la liberté, encoura-
» gés par le vrai droit naturel, dont la
» Philosophie leur expliquera les immua-
» bles principes, oseront enfin un jour
» réclamer hautement leurs droits. Qu'au-
» ront-ils donc à craindre, quand ils auront tout perdu, excepté une existence
» qui leur devient à charge à chaque pas ?
» Ils ont des bras ; s'ils ne peuvent s'en
» servir à cultiver une portion de terre en
» propriété, qu'ils s'en servent à purger
» cette même terre, des monstres qui la
» dévorent. Que risquent-ils ? de mourir ?
» Eh bien ! il vaut mieux mourir, que
» de servir de trophée à des hommes stu-
» péfiés d'orgueil & pétris de vices (1).

» Malheureuse France ! tous les Sages

---

(1) Encore le Proph. Philos.

» qui vivent dans ton sein, font gloire
» de te renier pour leur *Patrie. Ce n'est
» plus, sous le nom que tu portes, que
» tu pourras de nouveau te rendre célèbre;
» tu es aujourd'hui la plus avilie des Na-
» tions, & le mépris de l'Europe entière.
» Nulle crise salutaire ne te rendra la
» liberté; & c'est par la consomption que
» tu périras* (1). Faut-il que les *Sages de
» la terre* aient si long-tems différé de
» faire retentir le cri de la vérité? &
» que de lâches ménagemens leur aient
» ôté *le courage d'éclairer leurs frères?....*
» Levez-vous donc, *Philosophes de toutes
» les Nations..... Révélez tous les mystè-
» res qui tiennnent l'univers à la chaîne* (2)...
» Couvrez de toute la honte qu'elle mé-
» rite, cette *Religion*, ce *masque dont
» se couvre l'hypocrite pour tromper ceux
» dont la crédulité peut lui être utile* (3).
» Apprenez à tous les Peuples que *le Gou-*

---

(1) *De l'Homme, de ses Facultés & de son Education.*
(2) *Hist. Philos. & Pol. &c.*
(3) *Le Militaire Philosophe.*

» vernement n'emprunte son pouvoir que
» de la Société, & que n'étant établi que
» pour son bien, il est évident qu'elle peut
» révoquer ce pouvoir, quand son intérêt
» l'exige, changer la forme du Gouver-
» nement, étendre ou limiter le pouvoir
» qu'elle confie à ses Chefs, sur lesquels
» elle conserve toujours une autorité su-
» prême (1). Dévouez sur-tout à l'exé-
» cration de toute la terre, ces frénéti-
» ques qui vont *verser leur sang* aux or-
» dres de *celui qui, pour de vils intérêts,
» conduit ses Citoyens au carnage.* IL EST
» BEAU, disent-ils, DE MOURIR POUR
» LA PATRIE ! *Mais est-il rien de plus
» bas, de plus lâche, de plus déshono-
» rant, que de s'immoler à la vanité mé-
» prisable d'un tyran inhumain ? Est-il
» rien de plus abject que de lui servir de
» marchepied pour atteindre au pouvoir
» dont il ne peut qu'abuser* (2) ? Voilà les
» *bêtes féroces* qui ravagent le monde, &

---

(1) Syst. de la Nat.
(2) Système Social.

» que le monde devroit étouffer.... Ou plu-
» tôt, *ce qu'il faut punir, ce sont les Princes,*
» *ces barbares sédentaires, qui, du fond de*
» *leur cabinet, ordonnent, dans le temps de*
» *leur digestion, le massacre d'un million*
» *d'hommes, & qui ensuite en font remer-*
» *cier Dieu solemnellement* (1) ».

Horresco referens, mon cher Vicomte. Qui peut tenir à cet horrible langage ? Ne croit-on pas voir toutes les Furies déchaînées, jettant dans tous les coins du globe, leurs torches infernales, & conjurées pour incendier tout l'univers ?

C'est ainsi, mon cher Vicomte, qu'une Philosophie effrénée & farouche étudie ténébreusement dans le cœur des hommes, les principes de perversité, calcule, pour ainsi dire, la progression de la décadence des mœurs publiques, afin de faire sortir de la fermentation & du désordre irrémédiable de toutes choses, la révolution qu'elle a osé méditer, & de parvenir à la gloire affreuse d'être seule la cause du

---

(1) *Micromégas,* Conte de M. de V....

trouble du monde & du malheur de tous les Hommes.

Voyez-vous à quoi s'engage celui qui embrasse le parti de l'Incrédulité ? Vous qui êtes épouvanté du tableau hideux de ses plans & de ses desseins, pouvez-vous balancer à abjurer ouvertement une Secte qui vous a trompé, & qui, sur le prétexte de vous éclairer & de vous rendre Philosophe, n'a eu en vue que votre perte & votre incorporation dans ce qu'il y a de plus dangereux & de plus haïssable sur la terre ? Combien de Partisans dont la Philosophie se fait honneur, & qui au fond rougissent de la Philosophie & de ses manœuvres ! Que n'y renoncez-vous donc, disoit-on à quelqu'un qui se repentoit devant ses amis de s'être fait Philosophe ? *J'y tiens*, répondit-il, *par le même motif qui me la fait détester ; parce qu'elle est vindicative & haîneuse, & qu'il n'y a pas moyen de la déserter impunément : je tâche de m'épargner des persécutions, & de contenter des gens qui sont à craindre. Je ressemble à peu près à ces Profès imprudemment liés à un genre de vie pour lequel ils n'étoient point nés, & qui, pour avoir la paix, se contraignent de leur mieux, & s'efforcent de garder le costume monastique.*

Il y a donc, mon cher Vicomte, une Incrédulité de bienséance & de position qui est bien différente de ce qu'on peut appeller *la franche & grande incrédulité*, & qui explique parfaitement toutes les contrariétés & tous les phénomènes du règne philosophique. Parmi tous ceux qu'une même profession extérieure de *mécréance* réunit sous le nom d'*Incrédule*, il y a le nombre des *Séduits* qui est très-grand. C'est-là que se trouvent tous ceux qui, quoique réputés Philosophes, ont conservé l'amour de la vérité & des hommes, & dont la probité & les vertus ne peuvent jamais servir à détruire l'idée que je vous ai donnée de l'esprit de l'Incrédulité, ni à prouver que les ennemis de la Religion sont des gens de bien. La plupart de ceux qui se sont laissés enrôler par artifice, & qui se laissent tenir par foiblesse, conviennent que le vrai dessein de la Philosophie, est de tout bouleverser ; ils rougissent d'avoir pû se choisir des amis parmi des hommes si dangereux & si faux ; ils sont convaincus que ces hommes sont gâtés jusqu'au fond du cœur ; qu'ils sont aussi mauvais Citoyens, qu'extravagans Sophistes ; qu'ils fouleroient aux pieds tout ce que la Société a le plus grand intérêt de faire respecter sur la terre, s'ils pouvoient maîtriser la force publique, comme leur propre conscience, & si les Loix imitoient le profond silence & la longue patience de Dieu. J'appuierai d'un exemple, ce que je dis de la différence qu'il faut faire de Philosophe à Philosophe.

M. l'Abbé *Sabatier*, qu'on doit regarder comme l'Ecrivain qui a le mieux éclairé ses concitoyens sur le caractère pervers des Philosophes, & dont le commerce intime avec M. *Helvétius*, l'avoit mis à portée de connoître les vrais sentimens de son Ami, & toutes les particularités relatives à cet homme célèbre, s'en explique ainsi à l'Article qu'il lui a consacré dans ses *Trois Siècles Littéraires*: *S'il nous est permis de faire quelques réflexions sur son caractère, nous serons autorisés à dire que l'amour de la célébrité & trop de penchant à se laisser séduire par des insinuations artificieuses, ont été la vraie cause de l'abus qu'il a fait de ses talents, propres d'ailleurs à le faire estimer. La candeur, la bienfaisance & les autres vertus de son ame, faisoient pardonner, par ceux dont il étoit connu, les illusions de sa Philosophie. Nous pouvons assurer, d'après nos propres observations, qu'elle étoit dans lui une espèce de manie involontaire, fruit de ses premières liaisons, plutôt qu'une morgue arrogante & systématique. Aussi* M. Helvétius *n'adopta-t-il jamais les intrigues & les procédés de la cabale, qui avoit su se l'attacher d'abord par adresse, & le conserver ensuite par la juste crainte qu'il avoit d'en devenir la victime. Il connoissoit trop bien le* stylum philosophicum, *pour ne pas s'attendre à* se voir accablé de sarcasmes, pour peu qu'il eût paru se détacher de l'étendard sous lequel on le tenoit captif. Il se contentoit de gémir dans le sein de l'amitié, de l'extravagance & des excès de tant de maniaques qui se faisoient gloire de l'avoir pour Confrère.... Ces vilains Philosophes, disoit-il, dégradent perpétuellement les Lettres.... Ils finiront par se faire honnir. *On ne peut donc que le plaindre d'avoir eu le courage de paroître Philosophe avec tant de risques ; & la foiblesse de n'oser cesser de l'être, avec tant de moyens d'assurer sa gloire par d'autres bons Ouvrages qu'il étoit capable de donner....* S'il vivoit encore, il pourroit dire que dans nos conversations, je me suis souvent élevé contre la Secte qui l'avoit attiré dans son parti, & qu'il méprisoit si fort, parce qu'il en connoissoit mieux l'artifice. Je pourrois, à mon tour, lui rappeller les anecdotes qu'il m'apprenoit chaque jour sur le compte des Philosophes ; les plaisanteries que nous en faisions ensemble, les éloges qu'il a donnés à des productions où ils étoient attaqués....

Or, mon cher Vicomte, le monde philosophique est encore plein aujourd'hui de ces Adeptes à qui le *système de la Compagnie* fait horreur, & que la seule crainte d'être immolés à ses fureurs, retient sous ses drapeaux. Je suis donc bien éloigné de vous porter à regarder indistinctement comme des hommes malveillans & dangereux, tous ceux qui ont donné lieu à se faire compter parmi les Incrédules. Partout où vous aurez une fois reconnu des vertus, de la droiture, de la bonté, vous devez savoir à quoi vous en tenir sur le compte du Philosophe que ces qualités caractérisent. Après ces observations, il est aisé de faire évanouir l'équivoque de cette question si souvent répétée : *Est-ce qu'un Incrédule ne peut pas être honnête homme ?* & d'y donner la vraie réponse, sans faire partager à des gens de bien, la malédiction qui n'est dûe qu'aux méchants. O que la Philosophie est encore loin de son but, si elle aspire à vaincre jusques dans le cœur, tous ceux qu'elle a subjugués ! L'Auteur

frénétique du *Système de la Nature*, a vivement senti que le nombre des Philosophes bien imbus de l'esprit de leur état, étoit trop petit. Le peu d'espérance qu'il avoit de vivre assez long-temps pour voir de ses yeux la bienheureuse révolution qui devoit créer un nouveau monde, a fait éclater son indignation contre la réserve & l'indolence de tous ces Écrivains qui laissoient encore subsister des idées de Dieu & de la liberté de l'homme; & il a voulu, pour sa consolation, se repaître en idée, du spectacle qu'offrira la terre, lorsque le vœu de la Philosophie sera accompli. Il a salué de loin & du bord de son tombeau, un univers délivré de son Auteur & de ses Maîtres, & tout le genre-humain en possession des prérogatives dont jouissent les autres êtres vivans, sans Dieu, sans Autels, sans Culte, sans Princes, sans Loix & sans Tribunaux. Et afin que la génération présente pût goûter quelque chose de cette félicité trop reculée dans l'avenir, & que les malheureux de tous les états se ressentissent du pouvoir
de

IRRÉLIGIEUX. 97

de la Philosophie, pour *béatifier* le genre-humain, & rendre l'honneur & l'innocence à tout ce que des préjugés insensés appellent des *crimes*, ce profond *Interprète de la Nature* (1) change tous les penchans que les *illusions sociales* attribuent à l'avilissement & à la dépravation du cœur, en des impulsions organiques, en des modes physiques de constitution & de tempérament. Ainsi, toi, qu'une nécessité irrésistible a

---

(1) Quelques personnes m'ont assuré que l'Ecrivain que je parois avoir ici en vue, n'est point l'Auteur du *Système de la Nature*, & que cet Ecrit doit le jour à un Philosophe maintenant réfugié en Prusse. D'autres, également dignes de foi, affirment le contraire, & disent même le savoir de la meilleure source. Je ne veux être injuste envers personne, & je déclare que sur ce point, d'ailleurs fort indifférent au sujet que je traite, je n'accuse aucun particulier, & ne décide de rien. Mais on doit convenir, si on a lu avec quelque réflexion, que le livre *de l'Homme*, qui n'est assurément pas de M. *Helvetius*; que le *Code de la Nature*; que les *Pensées Philosophiques*; que le *Système Social* & celui *de la Nature*, tiennent les uns aux autres par une unité de principes, une ressemblance de vues, & un concert de résultats, qui rendroient bien excusable l'erreur qui voudroit y reconnoître l'empreinte de la même friperie.

G

poussé à égorger ton frère, ou à ravir la substance de ton voisin, gémis de la fatalité de ton destin ; mais conserve l'estime de toi-même : la Nature t'absout ; tu n'es coupable que devant des Tribunaux qui ne la connoissent pas, & qu'elle désavoue. Si l'erreur publique te réserve une mort cruelle & honteuse, la Raison te réhabilite aux yeux des Sages, & le vrai Philosophe ne voit en toi qu'un *homme sujèt à une maladie de plus que les autres* (1).

Si vous ne vous sentez pas de disposition, mon cher Vicomte, à vous élever jusqu'à la hauteur de ces sublimes & salutaires principes, vous avez certainement contrarié votre vocation, en vous faisant Philosophe : vous ne serez jamais dans la secte, que ce que sont les superstitieux dans la Religion. Aussi l'homme au *Systême* renvoie-t-il au Christianisme, tous ceux qui se mêlent de philosopher en-deçà de la région où il plane lui-même. Il réprouve sans exception toutes ces rou-

―――――――――――――

(1) *Systême de la Nature.*

tes mitoyennes, que de lâches ménagemens ont imaginées entre le Christianisme & l'Athéisme. Il met au rang des imbécilles & des *dévots*, ceux qui, ayant rejeté la spiritualité & l'immortalité de l'ame, *méconnoissent l'énergie de la Nature*, lui proposent un Moteur mystérieux & théologique, & retiennent des idées de Morale, de causes finales, de Justice & de vertu. Enfin il démontre parfaitement qu'abandonner la Foi, sans se faire Athée, est une inconséquence de la plus haute absurdité, & qu'il n'y a d'autre parti à prendre, que de redevenir Chrétien, pour tout Philosophe qui craint de le suivre dans l'essor de son audace.

Quelle gloire pour la Religion, Monsieur le Vicomte, qu'il faille s'enfoncer dans de si affreux abîmes, pour en être un transfuge systématique & décidé ! & quelle preuve plus sensible de sa nécessité sur la terre, que ce degré effroyable d'abrutissement & de férocité où se portent ceux qui ont juré sa destruction ? Pour moi, je vous avoue que je mets l'Incrédulité au rang des plus victorieuses démonstrations de la vérité de la Foi; & que si mon estime & mon admiration pour l'Evangile, avoient besoin d'être raffermies, je lirois les livres de ceux qui l'ont attaqué. Je serois assuré, après cela, de goûter toute la solidité & toute la beauté des Ecritures sacrées, de reconnoître le véritable élément de ma raison & de mon cœur, & de ressentir quelque chose de ce qu'éprouve un voyageur qui, après avoir marché dans d'incultes déserts, au milieu d'êtres malfaisans & farouches, respire & se réjouit, en rencontrant enfin des figures humaines & aimables.

Mais le malheur des personnes de votre état & de votre âge, mon cher Vicomte, c'est de faire une étude continuelle de cette Philosophie perfide, qui ne préconise la raison, que pour en éteindre toutes les lumières, & de ne connoître la Religion que par les caractères étrangers dont ses ennemis ne cessent de la défigurer, afin de donner du poids & de la vraisemblance aux calomnies dont ils la déchirent. Vous donc qui avez si souvent goûté le dangereux plaisir de vous évanouir dans les idées détournées & artificieuses de l'Incrédulité, examinez-la, avant d'écouter davantage les clameurs insensées de ses détracteurs, cette Religion qui vous reçut dans son sein au moment où vous parûtes à la lumière, & qui vous marqua dès-lors du sceau de ses promesses ; & vous verrez si cette Foi, que l'Impie déshonore par ses blasphêmes, laisse la moindre incertitude sur la sainteté & la gloire de son origine ; & combien de ce côté-là, comme de tous les autres, elle a de force & de supériorité sur tous les systêmes de la Philosophie humaine. Comme tout y porte les caractères augustes & touchans de l'éternelle Vérité & de la Raison souveraine ! D'où a pu procéder, si ce n'est des trésors de la Sagesse infinie, cette Doctrine si sublime, si étonnante, si élevée au-dessus de toutes les conceptions de l'esprit de l'homme ? cette Doctrine qui nous révèle de si grandes choses, qui nous destine à tant de gloire, qui rétrécit à nos yeux tous les espaces & toutes les grandeurs de l'univers, qui nous détache de nos passions, de nos sens & de nous-mêmes, qui nous montre dans notre vocation à vivre éternellement dans le sein de la gloire de Dieu, l'explication de l'infinité de nos désirs, la raison de l'impuissance de toutes les créatures pour notre bonheur, le motif de la création du Ciel & de la terre, la cause de la fondation & de la chûte des Empires, & le ressort de tous les mouvemens & de toutes les révolutions générales & personnelles qui sont ailleurs des mystères si impénétrables ? Quelle Philosophie, que celle qui ôte à nos maux toutes leurs amertumes ! qui attache à l'oubli de l'intérêt personnel, & au soin du bonheur des autres, un prix infini ! qui nous rend précieux & désirables, des chagrins & des revers inévitables ! qui nous fait envisager sans crainte & sans trouble, le dépérissement de nos corps, & qui change en un théâtre de triomphe & de félicité, l'horreur même de nos tombeaux !

Et quand de si hautes idées n'apporteroient point avec elles l'attestation éclatante & irréfragable de leur émanation de la source éternelle de toute lumière, quel est l'homme, s'il se connoît lui-même, qui ne les saisisse comme le vrai besoin de sa raison, & qui ne les embrasse comme l'unique point d'appui de son cœur? La mauvaise-foi a beau s'agiter & se tourmenter pour en obscurcir la vérité; ce qui passe si fort toute intelligence, ne peut être un rêve de l'entendement humain; & ce qui nous fait tant de bien, ne sauroit être l'œuvre de l'imposture. Ainsi, mon cher Vicomte, la Foi soutient sa Divinité par sa propre force, & par le seul caractère de sa solidité & de son excellence. Elle est une lumière qui peut défier toute la sagacité des Philosophes, d'expliquer jamais le phénomène de son apparition sur la terre, & l'étonnante révolution qu'elle a produite dans les mœurs du genre-humain, tant qu'ils refuseront de la voir descendre d'en-haut, & de l'adorer comme sortie de l'immensité des splendeurs divines. Que fait donc l'Impie, lorsque, dans le délire de sa haine pour tout ce qui contriste & humilie sa corruption, il ose tenter le renversement d'une économie si divine en elle-même, & si nécessaire au bonheur du monde? Que fait-il, que publier le désordre de son jugement & de son cœur? qu'indigner toutes les ames honnêtes & sincères, contre la puérilité des passions qui l'aveuglent, & la bassesse des interêts qui l'inspirent?

SIXIEME DISCOURS.

Division des Philosophes. Nullité des ressources qu'ils prétendent substituer à celles de la Foi.

Il n'y a ni unité, ni concert dans l'enseignement des Philosophes, dites-vous, Monsieur le Vicomte; *il ne peut y avoir, par conséquent, ni collusion, ni cabale pour effréner le vice, & détruire tous les principes.* Qui empêche alors qu'on ne se fasse un système composé de ce qu'il y a de plus modéré, de plus raisonnable & de plus sain dans les Ecrits philosophiques? Ce qui doit en empêcher tout homme qui aime la vérité, c'est la certiude de ne la trouver jamais parmi ceux qui la fuient, & qui ne sont différens les uns des autres, que dans la manière de la haïr & de l'attaquer. Point de Philosophie où la vérité n'est pas, & point de ressource pour la connoître, de la part de ceux qui raisonnent à de si grandes distances les uns des autres. Ne vous y trompez pas, mon cher Vicomte ; la diversité des procédés & des moyens, ne détruit pas l'unité du dessein ; elle en confirme au contraire la perversité. Car rien n'est si difficile que de marcher dans les ténèbres sans se heurter. Je regarde l'opposition des Philosophes entr'eux, comme le caractère le plus marqué de la fausseté de l'enseignement de tous, & comme le travers le plus funeste à la vogue des idées systématiques. La marche de la vraie Philosophie doit être noble, harmonieuse, pleine de vigueur & de majesté ; parce qu'elle a pour base la vérité qui est éternelle, & qui est, pour ainsi dire, le fond, le caractère, la réalité même de l'Intelligence infinie. Or, tout est un dans ce qui procède du premier Être, & dans tout ce qui demeure soumis à la seule direction de sa sagesse. Rien ne s'entrechoque ni ne dissonne dans la Nature, parce que l'Homme n'y peut rien, & que le désordre ne peut aborder, qu'où la misère humaine peut mêler ses passions & ses ténèbres.

Cette considération qui est si familière & si simple, a-t-elle pu échapper à des Philosophes dont on a tant vanté la prudence ? Et dans le dessein de substituer au Christianisme des principes si étrangers à sa doctrine, comment est-il arrivé qu'ils aient si mal imité cette concorde, cette unité, ce caractère de vérité que de tout temps le mensonge lui-même s'est efforcé de se donner, & sans lequel il n'y a nulle part de sûreté pour l'imposture ? N'étoit-ce pas se préparer trop de honte à la fois, que de tomber du même coup dans le crime de la fourberie, & dans la méprise de la mal-adresse ? Cependant ces hommes qui se sont toujours si bien accordés pour haïr & décrier la Religion, ont eu le malheur de ne plus s'entendre pour la détermination de ce qu'on nous mettroit entre les mains, à la place de l'Evangile. Unanimes dans leurs mouvements pour renverser la Foi, on les a vus se diviser puérilement, lorsqu'il s'est agi de faire parler cette Raison qu'on vouloit rétablir dans ses droits; & s'en aller bâtir, chacun de son côté, des systêmes creux, ténébreux & sans consistance; des systêmes qui se détruisent par leur contrariété, accablent par leur multitude, impatientent & ennuient par leur obscurité.

J'ai entendu autrefois une Parabole qui m'a paru assez juste: Le Royaume de l'Incrédulité, disoit-on, est semblable à une horde d'hommes singuliers & baroques, qui n'ont pas de demeures fixes, & qui ont une horreur naturelle des habitations où le reste des hommes se tient à couvert des injures de l'air. Quoiqu'ils ne puissent se souffrir les uns les autres, ils désirent avec une égale ardeur de faire adopter à tous, leurs mœurs & leur façon de vivre. Ils voudroient pouvoir renverser tous les Edifices, & brûler toutes les Cités. Ils ont pour maxime, qu'il faut fuir tout ce qui borne la vue, & généralement tout ce qui circonscrit l'Homme dans des limites; qu'il est fait, comme tous les autres animaux, pour être l'habitant de tout

l'Univers, le possesseur de la Nature entière, & appellé, comme eux, à se dilater dans l'immensité de l'espace. L'un deux s'approcha un jour d'un Citoyen qui s'occupoit à étançonner les murs de son domicile, & lui tint ce langage: " Homme
" téméraire! savez-vous bien ce que vous
" faites, lorsque vous vous enfermez dans
" cette prison, & que vous osez vous
" endormir sous ces masses épouvantables
" qui peuvent à tout moment s'écrouler
" sur votre tête ? A quoi a-t-il tenu que
" vous & vos enfants n'ayiez déjà été un
" exemple terrible des malheurs réservés
" à tous les esclaves aveugles du préjugé
" & de la coutume ? Et lorsque toutes les
" précautions de votre prudence seront
" épuisées, pour donner de la consistance
" à tout ce perfide assemblage, pourrez-
" vous bien compter sur la stabilité d'un
" équilibre qu'un souffle peut détruire ?...
" O voute riante des cieux ! on n'a ni
" crainte, ni incertitude sous ton azur
" étincelant ; & tandis que les insensés
" s'ensévelissent dans des antres où tout

» les inquiète & les menace, nous jouis-
» sons sans trouble & à tous les instants,
» de la richesse & de la magnificence de
» ton grand spectacle.....». A ces mots,
notre Citadin frappé de cette image, abandonne son travail, renonce à la maison de ses Pères, & prend son essor vers les champs & les déserts. Le voilà tantôt errant sur des montagnes escarpées, tantôt s'enfonçant dans d'épaisses forêts, ou parcourant de vastes & profondes solitudes... Bientôt la faim cruelle dévore ses entrailles; il chancelle, il dépérit, il tombe; & son corps étendu au pied d'un saule, devient la pâture des bêtes sauvages. Les voyageurs qui en ont apperçu en passant les tristes restes, ont dit : Voilà encore, sans doute, une victime de la hablerie & de l'imposture de ces êtres rôdeurs & malfaisants, qui se disent les Sages de la terre. L'insensé! que ne s'en tenoit-il à l'expérience de ses Concitoyens & de ses proches, qu'il voyoit habiter sans crainte des demeures construites de bois & de pierres, & à qui il n'avoit jamais vu arriver aucun malheur?

O que l'homme est malheureux, lorsqu'il écoute les méchans, & qu'il se laisse prendre au charme trompeur de la singularité !

Cet Apologue vous présente on ne peut ni plus distinctement, ni plus au naturel, le caractère de l'esprit irréligieux. Ceux qui sont le moins prévenus contre la fausseté philosophique, & qui auroient même quelques dispositions à en prendre les sentimens & le langage, sont forcés de convenir que le moindre des maux qu'elle puisse causer aux hommes, c'est d'éteindre toutes leurs certitudes, & de les réduire tous à douter. Car tous ces Docteurs imposants de la Nature & de la Félicité universelle, ont beau me régenter d'un ton tranchant & absolu ; dès qu'il ne s'entendent ni ne s'accordent sur rien, avec la meilleure volonté de les suivre & de me faire Philosophe aussi, je suis obligé de reculer. Je ne puis être de tous les partis ; & je puis encore moins me confier au *premier venu*. Il me faut absolument, pour me décider, ou la force de l'évidence, ou celle de l'autorité. *Examinez*, disent-ils ; *& tenez-vous à ce qui vous paroîtra le plus raisonnable. Examinez !* Mais tous les hommes sont-ils appellés à les étudier & à les comprendre ? Mais y en a-t-il un seul qui doive passer toute sa vie à rechercher quel usage il en doit faire ? Mais qui me répondra du succès de mes longues & laborieuses spéculations ? Enfin quel dédommagement puis-je attendre de la Philosophie, si je me trouve au dernier jour de ma vie, flottant encore dans l'incertitude de toutes choses, réduit à rougir du vuide & de la nullité de mon existence, & de mourir avec le remords & la honte de m'être évanoui, aux dépens de mes devoirs les plus pressants, dans des idées inquiètes, & de n'avoir jamais connu la vérité, ni trouvé la sagesse ?

M. *Rousseau* de Genève aussi porté qu'aucun autre *Esprit fort*, à décréditer le Christianisme, a fréquenté les Philosophes avec le désir de les trouver des hommes francs & estimables. Il avoue qu'il a étudié & approfondi leurs écrits, dans des dispositions qui leur étoient favorables.

rables. Cependant qu'est-il résulté de cet examen? Il a eu honte d'être réputé leur Partisan; & il a cru que si son orgueil étoit intéressé à rejetter la Foi, il l'étoit encore davantage à renier publiquement les Philosophes. Trop porté à la singularité pour être Chrétien comme un autre, il a été aussi trop délicat dans le choix des moyens de célébrité pour s'enrôler dans une Cabale qui se déshonore elle-même, & dont il prévoyoit bien la *désuétude* & le discrédit. Aussi en a-t-il peint tous les Chefs & tous les échos, comme des raisonneurs ridiculement *fiers, affirmatifs, dogmatiques, n'ignorant rien, ne prouvant rien, se moquant les uns des autres: & ce point commun,* dit il, *m'a paru le seul sur lequel ils ont tous raison... Sous le hautain prétexte qu'eux seuls sont éclairés, vrais, de bonne foi, ils nous soumettent impérieusement à leurs décisions tranchantes, & prétendent nous donner, pour les vrais principes des choses, les inintelligibles systêmes qu'ils ont bâtis dans leur imagination. Du reste renversant, détruisant, foulant aux pieds ce que les hommes respectent, ils ôtent aux affligés la dernière consolation de leur misère ; aux Puissans & aux riches, le frein de leurs passions ; ils arrachent du fond des cœurs le remords du crime, l'espoir de la vertu, & se ventent encore d'être les bienfaiteurs du Genre-humain. Jamais, disent-ils, la vérité n'est nuisible aux hommes ; je le crois comme eux ; & c'est, à mon avis, une grande preuve que ce qu'ils enseignent n'est pas la vérité* (1).

Il est vrai que cet Ecrivain, dont la supériorité a dédaigné des manœuvres qui offensoient la noblesse de ses sentimens & de son cœur, ne nous a guère mieux servi que ceux dont il nous recommande de nous *défier*, & qu'il ne fait que substituer aussi à toutes nos certitudes, l'abîme d'un scepticisme mille fois plus désolant & plus ténébreux, que tous les mystères de la révélation, contre laquelle il s'élève avec tant de chaleur. Malgré cela, on doit le regarder comme

---

(1) *Emil.*

un Philosophe à part, parce qu'il est vertueux jusques dans ses plus extrêmes écarts; qu'il brûle du désir de voir les hommes heureux, & qu'il a par conséquent un caractère qui le distingue essentiellement de la Secte qu'il a abjurée. M. *Rousseau* n'a qu'une passion, c'est d'être original, & de faire une grande sensation. Né avec le génie le plus élevé & le plus fécond, l'imagination la plus riche & la plus brillante, l'esprit le plus pénétrant, le plus adroit & le plus souple, il a craint de ne paroître qu'un homme ordinaire, s'il ne s'exerçoit que sur des sujets familiers & usés. De-là, l'idée singulière d'attaquer également la Philosophie & l'Evangile. Ayant vu que des deux côtés, toutes les places d'honneur étoient prises, il a voulu se poser, pour ainsi dire, sur la ligne de séparation, pour les combattre tour-à-tour; & il a trouvé par-là le secret de tout dire d'une manière supérieure & séduisante, & de publier tout ce que la fécondité d'une intelligence inépuisable & ambidextre, lui avoit fourni

* H 2

d'idées pour & contre la vérité. Peut-être la Religion l'eût-elle compté parmi ses plus immortels Défenseurs, s'il eût trouvé possible d'effacer l'opulence, l'élévation, la force & la magnificence des Ecrits d'un *Bossuet*. Il est impossible qu'une ame telle que celle de *Rousseau*, n'ait pas été frappée de la dignité & de la richesse du grand tableau de la Foi; & sans doute ce sublime morceau, qui est si connu: *La majesté des Ecritures m'étonne*, &c. doit être regardé comme un hommage échappé à la conviction intime qu'il avoit de l'excellence & de la beauté de la Religion. Il ne lui est jamais venu de semblable retour sur le compte de la Philosophie. Mais revenons à notre idée principale.

Le monde fut sans doute étonné, mon cher Vicomte, de voir ces nouveaux Apôtres s'élever tout d'un coup contre ceux du Christianisme, adresser la parole à toutes les Nations, & parler d'un système de félicité publique qui ne pouvoit s'élever que du milieu des ruines de la Religion, de son Sacerdoce & de ses Temples. Mais ce qui surprenoit bien davantage, c'étoit de ne voir éclore de toutes ces cervelles où l'amour des hommes sembloit tout mettre en fermentation, que des idées de destruction & de bouleversement; de ne pouvoir deviner quelle espèce de bonheur la Philosophie feroit sortir de tant de débris, & de demander toujours inutilement, *eversâ domo, ubi, quæso misera proles tuta quiescet?*

Prenez donc garde, leur a-t-on dit, en les voyant foudroyer l'Evangile avec tant de précipitation : vous allez tout gâter par votre vivacité. Vous commencez par où il faudroit finir. Donnez-nous d'abord quelque chose de précis, d'articulé & de palpable, & songez que les premiers Prédicateurs de la Foi ont été bien plus adroits & plus prudens que vous, dans la conduite de leur entreprise. Avant de porter les premiers coups à l'Idolâtrie, qui étoit soutenue de toute la force des Césars, & reçue de tout l'univers, ils savoient très-distinctement ce qu'ils avoient à offrir aux hommes, pour les rassurer dans le trouble de cette grande révolution, & remplacer tous les Temples & tous les Dieux dont ils avoient résolu la perte; ou plutôt, la ruine de l'Idolâtrie, & l'établissement de l'Evangile, ne sont pas deux événemens séparés. Les Fondateurs de la Foi n'ont pas commencé par décrier & attaquer brusquement le Culte du Paganisme. Mais *ils ont annoncé*, en se répandant parmi les Nations, *ce qu'ils avoient vu de leurs yeux, touché de leurs mains*; ils ont prêché *la vie éternelle, qui étoit dans le sein du Père, & qui avoit paru au milieu d'eux*; & toutes les Idoles sont tombées par la seule force du Christianisme enseigné & présenté aux hommes. Aussi les livres où sont consignées les œuvres & les prédications de Jésus-Christ & des Apôtres, ne renferment ni reproches humilians faits aux Idolâtres, ni dures invectives contre l'Idolâtrie. On s'y borne à l'exposition simple de la Doctrine & du Culte qu'on vouloit faire adopter au monde. C'est mal connoître les hommes, mon cher Vicomte, que de vouloir commencer par les dépouiller de ce qui leur est même nuisible, lorsqu'ils y tiennent par une longue habitude. Il y a bien plus de sagesse & de sûreté, à les pourvoir d'abord de ce qui leur est véritablement bon & utile. Tout le mal se dissipe alors de lui-même, & par la seule incompatibilité de son règne, avec celui du bien véritable.

Mais nos intrépides Réformateurs, au lieu d'imiter la prudence d'un procédé qui avoit si bien réussi, se sont avisés d'aller étourdiment abattre & fouler aux pieds, ce qui faisoit l'espoir des hommes, sans avoir à leur offrir en dédommagement d'un Evangile adoré de toute la terre, d'autre ressource, que ces recueils scandaleux où tous les vices affrontent la décence & la vérité sous le masque de la raison, & où se trouvent enregistrées toutes les doctes injures dont ces grands Philosophes s'accablent les uns les autres.

On avoit cru pourtant, lorsque le *Système de la Nature* commença de paroître, que la Secte avoit enfin composé sa *Bible*,

& réduit ses idées en un corps de doctrine. Mais quoique ce livre profond soit l'interprétation très-géométrique & très-lumineuse des vues de la *grande École* ; quoiqu'on y prouve de la manière la plus péremptoire, que tous les systêmes modérés, tels que le Théisme, le Déisme, &c. ne sont que les tergiversations d'une Philosophie qui n'a pas encore eu le courage de se déployer dans toute son énergie ; les sous-Chefs n'ont pas voulu acccorder à cet Ecrit monstrueux & bizarre, d'un Auteur toujours révéré pourtant comme le *Coriphée de la Secte*, les honneurs d'une adoption juridique. Sans doute, la crainte de partager aux yeux du Public le crime & la honte d'insulter le Ciel & la terre, leur a fait préférer ce ménagement de leur prudence, au mérite d'être conséquens & unanimes.

Qu'est-il arrivé de tant d'impardonnables déconvenues ? Toute la malignité & toute la bassesse du dessein de la Cabale, furent dévoilées. Les moins clairvoyans n'ont plus apperçu dans ces prétendus difpensateurs des lumières & de la félicité, que des hommes dévorés de la passion de tout corrompre & de tout asservir à leurs turbulentes idées. Ceux qui avoient commencé de prendre quelqu'intérêt à la vogue de la merveilleuse & bienfaisante Philosophie, ont rougi de leur crédulité, & rétracté leurs engagemens. On fut indigné de la morgue & de la crudité d'un orgueil dont on n'avoit point encore vu d'exemple. Jusqu'au siècle philosophique, cette passion avoit su garder encore quelques ménagemens, & parer son absurdité d'une apparence de modestie & de décence: ou s'il se trouvoit quelques Ecrivains incivils & incultes, qui osassent afficher l'oubli de toute bienséance & de toute pudeur, on n'avoit garde de les lire avec estime, & de les regarder comme des Philosophes.

Les hommes n'ont point de confiance dans des Maîtres passionnés & trop occupés de leur propre gloire. Ils savent que les vraies lumières, que l'amour sincère de la vérité, n'ont rien de commun avec ce ton fastueux & tyrannique, dont l'importunité n'est soufferte nulle part. Lorsqu'on a le malheur de vouloir tromper les hommes, & qu'on ose aspirer à faire respecter au monde les ennemis & les perturbateurs de son repos, on doit regarder comme une précaution absolument nécessaire à l'impunité d'un tel crime, de paroître imperturbablement supérieur à tout intérêt personnel. Partout on exige de ceux qui se donnent pour être les organes de la vérité, qu'ils soient simples & modestes comme elle. L'honneur d'être au milieu des hommes les instrumens de la libéralité divine, est un engagement à s'oublier soi-même, & à imiter la Providence dans sa manière de faire du bien à toutes ses créatures. Elle nous sert sans publicité & sans éclat. Elle pourvoit en silence au besoin de tout ce qui respire. Tout est invisible dans sa conduite, excepté le soin assidu qu'elle prend de nous. Elle cache même dans l'obscurité des entrailles de la terre, ses dons les plus éclatans. Nous n'entendons jamais l'ordre qu'elle donne aux astres d'embellir régulièrement notre Ciel, & d'éclairer notre habitation. Tout se meut sur nos têtes, & tout fermente sous nos pieds, tandis qu'ensevelis dans le sommeil, nous ne voyons rien de tous ces préparatifs dont nous sommes les uniques objets. Il semble qu'il suffise à l'Auteur de la Nature, que l'Homme soit en possession de tout, & que notre félicité lui soit encore plus chère, que le tribut d'adoration & de reconnoissance que nous lui devons.

Mais de telles images sont trop étrangères à des hommes dont toutes les vues & tous les plans, ne laissent transpirer de réel & de clair, que la passion abjecte & absurde de dépouiller l'Homme de sa raison, d'aveugler tous les esprits, de les faire conspirer tous pour la ruine des mœurs, & pour la proscription irrévocable de toute autorité qui s'élève contre la liberté & l'indépendance de tous les vices.

Voilà pourtant cette Philosophie *béatifique*, dont on attendoit de si miraculeuses révolutions, & qui devoit être l'Oracle des Rois, le flambeau des Peuples, la gloire & le lien de tous les Empires. Ne vous étonnez donc pas, Monsieur le Vicomte, de l'inévitable naufrage dont elle se voit menacée. Elle portoit dans son sein le principe de sa destruction. Pleine de faste dans ses promesses, absolue dans ses prétentions, déchirée par les schismes & les querelles éternelles de ses inventeurs, sa destinée étoit de s'écrouler sur elle-même, comme toutes les autres manœuvres de l'iniquité & du mensonge; & ce qu'on peut dire de plus modéré pour rendre à cette Secte la justice qu'on lui doit, c'est qu'elle a été aussi mal-adroite dans l'emploi & le choix de ses moyens & de ses suppôts, que mal intentionnée dans son objet; qu'indépendamment de la perversité essentielle de son dessein, il manque à son enseignement l'unité & l'harmonie, sans laquelle la vérité elle-même ne pourroit compter sur l'accueil & l'estime des hommes; qu'elle n'a connu dans la conduite du projet le plus vaste, le plus hardi & le plus difficile qui fût jamais, ni la finesse des précautions, ni l'économie des mesures, ni la sagacité des procédés, ni la prudence des ménagemens ; de sorte que la preuve la plus sensible de sa fausseté & de son imposture, c'est son enseignement même ; c'est elle-même.

Avec quelle bienséance de pareils Philosophes pouvoient-ils donc inviter tous les Peuples de la terre à les écouter, & à leur donner la préférence sur les Ecrivains de la Religion ? Certes, ceux-ci, à ne les regarder même que comme les Négociateurs d'une affaire humaine, ont mis bien plus de dextérité & de sagesse dans l'ordonnance de leurs travaux, & dans l'assortiment des pièces de leur ouvrage. Ils ont été bien plus habilement au-devant de tout ce qui auroit pu choquer les vraisemblances, compromettre leur sincérité, ou offenser la délicatesse des gens de bien. Quel concert dans la Doctrine ! quelle correspondance dans les récits ! quel ordre, quel enchaînement dans les faits ! quelle suite dans les tableaux ! quelle force, quelle élévation dans les idées ! & sur-tout quelle supériorité sur eux-mêmes, sur toutes les recherches de l'amour-propre & de l'intérêt personnel! Ils avoient pourtant, pour se disputer le rang dans l'estime des hommes, & pour se supplanter les uns les autres, une facilité qui manque trop souvent à la jalousie de nos Philosophes, & qu'ils ne laissent jamais échapper, lorsqu'elle se présente. La distance des lieux & des âges, donnoit toute liberté aux usurpations de la rivalité. Les temps de Moïse, de Josué, des Juges, des Rois, sont séparés par des siècles d'intervalles. Cependant, à travers tant de révolutions & d'événemens, la concorde des Ecrivains sacrés demeure inaltérable. Ils remontent tous à Moïse, comme au premier dépositaire des divins Oracles, & le Chef commun de toute la Doctrine. Aucun d'eux ne tente de lui disputer ce caractère, & de s'établir le Législateur du Peuple. L'Histoire des Juges est fondée sur celle de Moïse : celle des Rois suppose celle des Juges ; & *il ne faut*, dit M. Bossuet, *que lire le livre des Pseaumes où sont re-*

cueillis tant d'anciens Cantiques du Peuple de Dieu, pour y voir, dans la plus divine poésie qui fût jamais, des monumens immortels des unes & des autres.

Et pour le Nouveau-Testament, les seules Épîtres de Saint Paul, si vives & si originales, si fort du temps, des affaires & des mouvemens qui étoient alors, & enfin d'un caractère si marqué.,..., suffiroient pour convaincre tout esprit bien fait, que tout est sincère dans les Ecrits que les Apôtres nous ont laissés. Aussi se soutiennent-elles les unes les autres avec une force invincible. Les Actes des Apôtres ne font que continuer l'Évangile; leurs Épîtres le supposent nécessairement. Mais afin que tout soit d'accord, & les Actes, & les Épîtres, & les Évangiles, réclament partout les anciens livres des Juifs. Saint Paul & les autres Apôtres ne cessent d'alléguer ce que Moïse a dit, ce qu'il a écrit, ce que les Prophêtes ont dit & écrit après Moïse. Jésus-Christ appelle en témoignage la Loi de Moïse, les Prophêtes & les Pseaumes, comme des témoins qui dépo-

sent tous de la même vérité. S'il veut expliquer *ses mystères*, il commence par Moïse & par les Prophètes ; & quand il dit que Moïse a écrit de lui, *il pose pour fondement ce qu'il y avoit de plus constant parmi eux, & les ramène à la source même de leurs traditions....* Ainsi, tous les temps sont unis ensemble, & un dessein éternel de la Divine Providence nous est présenté. La tradition du Peuple Juif & celle du Peuple Chrétien, ne font ensemble qu'une même suite de Religion.... L'une prépare la voie à la perfection que l'autre montre à découvert ; l'une pose le fondement, & l'autre achève l'édifice ; l'une prédit ce que l'autre fait voir accompli.... & les Écritures des deux Testamens ne font qu'un même corps & un même livre......

Quelle consolation aux enfans de Dieu ! Mais quelle conviction de la vérité ! quand ils voient que du Pontife qui remplit aujourd'hui le premier Siége de l'Église, on remonte sans interruption jusqu'à S. Pierre, établi par Jesus-Christ Prince des Apôtres ; d'où, en reprenant les Pontifes qui ont servi

servi sous la Loi, on va jusqu'à Aaron & jusqu'à Moïse; de-là jusqu'aux Patriarches & jusqu'à l'origine du monde. Quelle suite! quelle tradition! quel enchaînement merveilleux!

Si on ne découvre pas ici un dessein toujours soutenu & toujours suivi; si on n'y voit pas un même ordre des Conseils de Dieu, qui prépare dès l'origine du monde ce qu'il achève à la fin des temps, & qui, sous divers états, mais avec une succession toujours constante, perpétue aux yeux de tout l'Univers la sainte Société où il veut être servi, on ne mérite plus de rien voir; & Dieu n'a plus qu'à livrer de tels hommes à leur propre aveuglement, comme au plus juste & au plus rigoureux de tous les châtimens (1).

Il faut avouer, mon cher Vicomte, que devant ce spectacle si plein de substance & de grandeur, toute la majesté philosophique se trouve prodigieusement rétrécie; & que s'il étoit vrai que les Maî-

_____

(1) Disc. sur l'Hist. Univ.

* I

tres de la Religion nous eussent trompés, on doit au moins rendre justice à l'art profond & étonnant du procédé qu'ils ont suivi, & convenir qu'il n'étoit pas possible que le monde évitât un piége aussi habilement préparé. Car en nous proposant comme une économie divine, ce grand Systême où se manifeste l'empreinte d'une si haute sagesse, ils ont pu défier tout l'Univers d'en concevoir & d'en assigner la naissance dans aucun complot, dans aucune passion, dans aucun intérêt, dans aucun préjugé, dans aucune des sources de nos erreurs, ni même dans la capacité d'aucune intelligence humaine; & ils nous ont ainsi forcés de remonter jusques dans le sein de l'Intelligence souveraine, pour expliquer un effet si supérieur à toute l'industrie des hommes, & pour trouver une cause à un dessein si vaste, à des vues si universelles, à des idées si extraordinaires.

Voyez comme sous le pinceau de ces hommes si uniques dans leurs pensées & dans leur conduite, la Religion qui est éternelle,

& qui résidoit dans le sein de la gloire de Dieu *avant l'aurore*, descend au commencement des temps du haut de l'Immensité divine, & vient habiter dans *Adam* comme dans son premier Temple, & lui expliquer par-là l'origine & la destination de tout ce qui doit sortir de lui. Voyez comme une Force invisible la fait surnager avec dignité au milieu des passions & des désordres de la terre; avec quelle sage & majestueuse lenteur elle s'avance à travers tous les siècles & tous les événemens humains, vers l'*ancien des jours* d'où elle est sortie, & auquel elle se doit réunir à jamais, avec tout ce qu'elle aura vivifié & consacré durant son règne au milieu des enfans des hommes. Voyez par quelles gradations admirables elle se dégage insensiblement du voile sacré & mystérieux qui la couvre; & comme dans la *plénitude des temps*, elle se déploie dans sa grande lumière & dans tout l'éclat de sa magnificence: comme elle devient, par l'accomplissement du profond mystère d'un Dieu *manifesté dans notre chair*, subsistante & visible au milieu de l'univers, où elle s'incorpore à tout le genre humain, met l'Infini dans notre foiblesse, déifie toute la Nature ; de sorte que ce grand Dieu, qui n'a pu rompre son silence éternel, ni sortir de lui-même, que pour être connu & glorifié au-dehors, comme il l'avoit été de toute éternité au-dedans de sa propre gloire, contemple sur la terre & dans le cœur de ses créatures, la répétition totale de son éternel exercice, & la réplique entière de l'hommage infini qu'il se rend à lui-même dans l'abîme de sa splendeur. Car tous les enfans de l'Alliance contractent l'excellence & la dignité infinie du *Christ, Fils du Dieu vivant*; & l'on ne peut plus séparer la gloire du Chef vainqueur des passions, du monde & de la mort, de la destinée qui est réservée à tous ses membres. Déjà on les voit tous sortir de la poussière, briser leurs tombeaux, s'élever au plus haut des Cieux, & entrer avec l'*Agneau* qui les a *rachetés dans son sang, recueillis de toute Tribu*,

& *amenés d'une grande tribulation*, dans cet Empire incorruptible de l'éternité, dont tous les autres n'ont été que la préparation & la figure, & qui est la consommation des conseils de Dieu, la plénitude & *la fin de toutes choses*. Quelle image! Comment le monde auroit-il pu résister à la force & à la richesse d'un si ravissant spectacle?

O mon cher Vicomte! je n'ai point de honte de succomber, comme tous mes ancêtres, au charme d'un pareil artifice, ni d'écouter la voix de semblables Imposteurs. Si la perspective qu'ils me présentent est une erreur, cette erreur est bien précieuse à mon bonheur, & infiniment chère à mon cœur. Je sens que ce n'est qu'avec eux que ma vie n'est point un songe, que mes jours sont réels, que mon esprit s'agrandit, que mes pensées se développent, que ma raison se dilate, que toute mon ame est à sa place. On ne peut au moins m'humilier par le reproche de suivre servilement des hommes sans principes, sans gravité, sans caractère. Toutes mes puissances renaissent, pour ainsi dire, & puisent une vigueur toute céleste sous ces pavillons sacrés & augustes. Tout y est *plein de Dieu*; on croit l'y entendre & l'y sentir. Les clameurs des frivoles & arides *Investigateurs du siècle*, ont beau vouloir étouffer la voix majestueuse de mes anciens Instituteurs, & décréditer les caractères vénérables de leur autorité; rien ne me troublera jamais dans ma sécurité profonde; & l'on ne me verra pas au dernier jour de ma vie, déplorer mon aveuglement, ni abjurer mon erreur, pour mourir dans les bras & dans la foi de la bienfaisante & miraculeuse Philosophie.

SEPTIÈME DISCOURS.

Suite du précédent.

JE reviens, mon cher Vicomte, à la stérilité, à l'extrême pauvreté des ressources philosophiques. Je me ressouviens, à ce propos, d'une espèce d'histoire que je vais vous raconter, & qui pourra servir à vous éclairer sur cet attribut de l'Incrédulité (1).

Un jeune Littérateur de beaucoup d'esprit, & qui avoit toujours eu de la re-

---

(1) Je confesse d'avance, mon cher Lecteur, qu'il y a bien des longueurs dans ce Discours. J'ai été entraîné par le désir de rendre sensible une vérité qui ne sauroit être trop méditée : c'est que le pouvoir de tous les systêmes humains, s'anéantit & disparoît devant l'image de la misère, de la maladie & de la mort ; & que la Religion seule trouve dans l'immensité de ses ressources, de quoi nous rendre infiniment précieux & cher, ce que la condition humaine nous impose de plus douloureux & de plus pénible au cœur & à la nature. J'ai moins appréhendé le reproche

ligion dans sa Province, vient à Paris, comme c'est l'usage. Il ne tarda pas à s'apercevoir que, pour donner bonne idée de lui à ses *nouvelles connoissances*, il falloit absolument qu'il philosophât, & il tâcha de philosopher. Cependant, il étoit assez mal avec son *âme naturellement chrétienne*, depuis ce brusque abandon de tous les devoirs du Christianisme. Il est bien étrange, disoit-il, que pour faire ici quelque sensation, & obtenir la considération des Arbitres de la gloire, il ne faille plus ni Dieu, ni croyance, ni Eglise. En réfléchissant à cette matière, *Philémon*, c'étoit le nom du Littérateur, s'en va trouver le *Vénérable* de la Loge, *Dionysio*, grand Dessinateur de la *Science universelle*, vieux Métaphysicien, Auteur apocalyptique de quantité de Commentaires sur la *Nature* & sur la *Morale*. — Mon-

---

d'être trop diffus, que le tort de trop serrer ce qu'il nous est infiniment utile de voir dans tout son développement; & les vrais amis des malheureux sentiront pourquoi j'ai si peu épargné en cet endroit les détails & les exemples.

sieur, lui dit Philémon, touché de l'honneur de partager avec tous vos disciples, le titre d'*Elève*, du plus grand de tous les Philosophes, j'ai renoncé, comme eux, à Dieu & à l'Evangile. Mais je ne dois pas vous dissimuler que j'ai besoin d'être affermi dans ma résolution ; que mon cœur me résiste sans cesse dans mes efforts pour lui faire prendre le pli philosophique, & que si vous ne me soutenez de vos lumières & de vos conseils, je retomberai infailliblement dans mon ancienne superstition. Grand Homme, daignez faire attention à ce qui combat dans mon ame le désir de vivre & de mourir Philosophe. J'aime passionnément la vérité, & j'adore la vertu. Vous le dirai-je? Ce qui me rend si pénible mon renoncement à la Religion, & ce qui m'y repousse malgré moi, c'est l'expérience que j'ai faite de sa force & de son abondance, pour subvenir pleinement à ce double besoin de mon esprit & de mon cœur ; c'est qu'il n'y a qu'elle qui donne un grand sens & une sorte d'immensité, au mot sublime de *Vérité*, & qui attache une haute idée, une existence réelle, une valeur fixe, au nom sacré & auguste de la *Vertu*. Sans elle, tout s'évanouit pour moi, & je ne me trouve plus que devant des fantômes & des chimères. — Mon fils, dit le Vieillard, il n'est pas de préjugés si absurdes dont on n'ait peine à se *dépêtrer*, lorsqu'on a le malheur d'y avoir été élevé. Ce qui enchaîne les hommes à ce Colosse religieux que j'ai tant désiré de voir abattu, c'est que, livrés dès leur enfance à l'ignorance & à la fourberie des Prêtres, *ils ne se sont jamais connus eux-mêmes ; que jamais ils n'ont eu des idées nettes de la Morale* (1). Deux sources terribles de tous les maux de la terre ; car c'est de-là que sont venus la tyrannie, la superstition, le fanatisme, la puissance du Clergé, la nullité des Philosophes, &c. — L'Homme seroit donc heureux, s'il avoit de lui-même la connoissance que les Philosophes s'offrent à lui en donner ; &

---

(1) *De l'Homme & de ses Facultés.*

vous croyez que tout iroit au mieux dans la Société, si on y avoit *ces idées nettes de la Morale*, que l'enseignement religieux a, dites-vous, effacées? Permettez-moi donc de vous demander d'abord ce que vous faites de l'Homme : à quoi le destinez-vous? d'où vient-il? que doit-il devenir? — Mon ami, il n'y a de réel dans l'Homme, que ce que nous y voyons : *C'est un animal*, dit-on, *raisonnable ; mais certainement sensible, foible & propre à se multiplier* (1). D'où vient-il? du même *principe d'énergie* qui forma le fossile que vous tirez du sein de la terre. Que deviendra-t-il? ce que deviennent tous les êtres ; il se dissoudra comme eux; & *la dispersion irrévocable des élémens qui composent son corps*, sera son dernier & éternel état. Demander où va se rendre ce principe de la pensée qu'on appelle *ame*, est une aussi grande sottise, que de chercher où est allé se loger le *phlogistique d'un morceau de fer*, que le temps & la rouille ont détruit.

---

(1) *Ibid.*

Faites servir votre sensibilité à votre plaisir; étayez votre foiblesse de ce qui est autour de vous, & perpétuez votre existence dans d'autres vous-mêmes; voilà la vocation de l'Homme; tout le reste n'est qu'extravagance & mensonge.

Voilà, Monsieur, reprit Philémon, des principes qui peuvent être fort admirables: mais je sens que j'ai encore bien du chemin à faire, avant de les goûter sincèrement. Comment entendez-vous qu'on sera heureux, en s'en pénétrant bien? & qu'un misérable, par exemple, qui n'a rien à attendre sur la terre de la part des hommes ni de la fortune, se trouvera mieux de se regarder comme la victime fortuite d'une fatalité inévitable, & dont un néant éternel terminera toutes les peines, que d'écouter son Pasteur qui lui dit que rien n'arrive par hasard, & qu'une félicité éternelle dédommagera l'infortuné dans une autre vie, des privations & des amertumes qu'il a à essuyer dans celle-ci? Je me mets, Monsieur, à la place de ce malheureux, qui n'a d'espoir sur la terre que dans les muscles de ses bras; qui mange & qui distribue tous les jours à sa triste & innocente famille, un pain grossier & trempé de sa sueur & de ses larmes : or, dans cet état, je ne vois pas du tout qu'un Philosophe soit fort consolant, en venant me dire qu'il n'y a point de différence entre moi & cet animal dévoué à traîner laborieusement le soc qui sillonne la terre. Il me semble au contraire que l'idée d'un Dieu qui voit ce qui se passe, & qui a des vues de la plus haute conséquence dans la distribution des biens & des maux de la vie, est absolument nécessaire à la partie souffrante de l'Humanité, qui n'a au monde que son espoir & sa Religion pour respirer de ses peines. Non, je ne puis croire qu'un Ministre de l'Evangile soit l'ennemi de ses Concitoyens, lorsqu'il dit à un troupeau d'infortunés & de pauvres rassemblés autour de lui, qu'un Dieu s'occupe d'eux; qu'ils lui sont infiniment chers; que chacun de leurs soupirs est écrit sur son livre immortel ; que les Rois sur leurs

Trônes ne font point à fes yeux des créatures plus excellentes que le plus petit de ceux qui mettent en lui leur confiance; que *leurs cheveux* même *font comptés*, & leurs moindres facrifices gravés fur les colonnes de la *Cité incorruptible* où ils vivront éternellement; que gémir & verfer des pleurs ici-bas, eft le fceau glorieux & augufte de la prédilection divine, & qu'au dernier jour, toutes les grandeurs de la terre feront effacées par l'éclat qui environnera l'humble Difciple de la Croix & de la Patience. Pourquoi donc la Philofophie ne fauroit-elle laiffer au pauvre peuple, cet unique foutien de fa misère? Car le comble de l'infortune, c'eft d'être forcé de haïr fon état, de maudire impuiffamment ceux qui font plus heureux, & de fouffrir fans efpérance. Il eft bien aifé, Monfieur, de fe paffer de Religion, & de ne pas croire à l'autre vie, lorfqu'on fe trouve bien dans celle-ci. Mais que le fentiment de la peine & du befoin nous rend précieux un Evangile qui nous promèt du repos & de la joie au-delà de notre tombeau! Avant qu'il ne me fallût être Philosophe, je fréquentois affidûment le Temple; & j'ai été souvent frappé de la vive impreffion que faifoit fur une foule de malheureux, le touchant appareil du Miniftère Evangélique. Il me fembloit que ces ames ingénues & fenfibles, en s'ouvrant aux efpérances de la Foi, reconnoiffoient comme naturellement leur unique afyle, & qu'elles fe trouvoient, pour ainfi dire, dans leur véritable élément. Comme tout parloit en eux de la douce révolution que la penfée & l'efpoir d'une meilleure vie, produifoient dans leurs cœurs! Quelle avidité d'attention! quel maintien! quels regards! quels foupirs! quelles larmes délicieufes! Que la Foi me paroiffoit alors un flambeau augufte & adorable! & quel Philofophe même naturellement infenfible & froid, ne feroit ému de l'empreffement & de la religion naïve, avec laquelle ce bon peuple, interrompant tous fes travaux, & oubliant toutes les follicitudes domeftiques, vole au Temple pour s'y remplir de fon Dieu, son unique bien, & y chanter ses éternelles miséricordes !

Dionysio, que la sagesse de ces réflexions avoit impatienté, dit, en se fronçant la phisionomie d'un sourire géométriquement amer : Voilà, mon pauvre Philémon, des *spiritualités* fort touchantes, mais qui malheureusement ne prouvent que l'extrême besoin que vous avez de délivrer votre raison du joug des préjugés. Vous parlez de la *partie souffrante de l'Humanité !* & au lieu de remonter à la source des maux qui affligent les hommes, vous vous arrêtez frivolement à en indiquer l'adoucissement dans le poison même qui les a causés. Et vous ne voyez pas que c'est la Religion qui s'oppose à la félicité générale ? qu'il n'y auroit plus de malheureux à consoler, si l'Evangile & les Prêtres étoient proscrits sur la terre, & qu'on laissât faire les Philosophes ? — Hélas ! non, je ne vois pas cela du tout : aurez-vous la patience de me le faire bien comprendre ? — O Philémon ! recueillez-vous profondément, & suivez avec attention la suite des grandes

grandes choses que je vais vous dire. Une lumière toute nouvelle va luire au fond de votre ame, & vous allez être un Philosophe sublime, si vous avez de quoi le devenir. Voici d'abord un principe qui est d'une vérité, d'une fécondité & d'une richesse qui me le fait adorer comme le centre de tous les biens, & le père de la Félicité publique : c'est que *la sensibilité physique est la cause unique de nos actions, de nos pensées, de nos passions & de notre sociabilité* (1). Détrompez-vous donc bien de l'erreur où sont malheureusement presque tous les hommes, & qui est la source la plus universelle des misères de ce monde : cette erreur, c'est de croire que dans l'homme, *la faculté de juger* est distincte *de la faculté de sentir*. Que de calamités publiques & particulières on auroit épargné au genre-humain, si ses Législateurs avoient été de tout temps convaincus que *dans l'homme tout est sensation*, & qu'il y faut rapporter *tous*

---

(1) *De l'Homme.*

K

ses jugemens, sans en excepter aucun, pas même *ceux qui résultent de la comparaison des idées abstraites, collectives*, &c. (1) ! Point de bonheur sur la terre, mon fils, s'il n'a pour base la sûreté d'une Législation simple, sage & uniforme ; & point de loix assorties au véritable caractère des hommes, si elles procèdent d'une autre source que de la Philosophie, *à qui seule il appartient de s'élever jusqu'au principe simple & productif des passions, comme des facultés intellectuelles ; ce principe qui lui révèle le degré de perfection auquel peuvent se porter les Loix, de la sagesse desquelles dépendent uniquement les vertus & le bonheur d'un peuple* (2) ? N'entrevoyez-vous pas déjà, mon cher enfant, à travers ces idées saintes & pures, que je ne fais que vous exposer d'une manière générale, la riante image d'un monde affranchi, vertueux & heureux ? Si vous n'appercevez pas-là les premiers *linéa-*

---

(1) *Ibid.*
(2) *Ibid.*

mens de la félicité universelle, je désespère de pouvoir jamais faire de vous un vrai Philosophe.

Philémon n'osoit répliquer. Cependant il étoit bien loin de concevoir quel rapport il pouvoit y avoir entre toute cette funèbre métaphysique, & la régénération d'un univers où il n'y auroit plus de malheureux. Jeune homme, continue Dionysio, qui remarquoit l'étonnement & l'embarras de son Auditeur, votre défaut de réflexion & d'usage, ne vous a pas permis jusqu'ici d'observer deux choses qui sont pourtant bien palpables; la première, c'est que l'imperfection, l'obscurité & la complication des Loix, ont causé tous les vices qui altèrent de plus en plus la constitution sociale, & y entretiennent ces disproportions & ces inégalités qui font frémir la Nature; la seconde, c'est que les idées religieuses dont la fourberie des Prêtres est venue *farcir* tous les esprits, ont effacé le divin principe de la *sensibilité physique*, qui peut seul servir de fondement & de guide à une législation claire, simple & parfaite. — Mais la Morale.... — Eh! mon ami, puisque l'Homme ne peut être bon ou méchant, que selon la direction que prend ou reçoit *la sensibilité physique*, qui est en lui l'unique ressort de toutes ses pensées, de toutes ses habitudes, de toute son activité, n'est-il pas évident que *les sciences de la Morale, de la Politique & de la Législation, ne font qu'une seule & même science* (1)? Quels doivent donc être les vrais Docteurs de la Morale? Les Prêtres? Non, asûrement; le Ciel nous délivre de ces fléaux du bienheureux principe de la *sensibilité physique!* Mais les Magistrats. — Tous les Magistrats, Monsieur, ne seront pas propres à saisir toute la profondeur & tous les développemens du grand principe. — Ils se mettront, mon fils, sous la conduite des Philosophes. C'est à eux, en effet, *de pénétrer de plus en plus dans l'abîme du cœur humain; d'y chercher tous les principes de ses mouvemens.* Et c'est au

---

(1) *De l'Homme.*

Ministre de se soumettre à leurs lumières, de profiter de leurs découvertes, & d'en faire, selon les temps, les lieux & les circonstances, une heureuse application (1). Le Ministre, il est vrai, connoît mieux que le Philosophe, le détail des affaires. Mais ce dernier a plus le loisir d'étudier le cœur humain. L'un & l'autre, par leurs divers genres d'étude, sont destinés à s'entr'éclairer. — Mais, Monsieur Dionysio, les plus sages des hommes ne sont pas à l'abri d'un peu d'ambition. Si le Ministre vient à ne pouvoir se passer d'un Philosophe, & qu'en reconnoissance des instructions qu'il en aura reçues, sur *l'abîme du cœur humain*, il l'éclaire de son côté sur *le détail* de certaines *affaires*, il pourroit bien se faire que l'inutilité du Ministre pour le bien public, se trouvât aussi bien démontrée que celle du Prêtre; & que cet homme, qui ne vouloit qu'être aidé des lumières d'un homme d'esprit, se vît rejeté à son tour comme n'entendant rien

---

(1) *Ibid.*

non plus à *la sensibilité physique*, ni par conséquent à la manière de rendre les hommes heureux. — Mon fils, je ne m'offenserai pas de cette plaisanterie..... — Eh! Monsieur, je ne plaisanterai jamais avec un homme de votre caractère. C'est une observation..... — Mon Ami, ce seroit le bonheur d'un Empire, que ce Philosophe, s'il est ce qu'il doit être, supplantât l'homme en place, qui a communément trop peu de pénétration pour comprendre de si hautes vérités, ou trop peu de docilité pour se laisser conduire. — Il vaudroit encore mieux, ce me semble, pour que tout allât bien, trancher court sur toutes ces associations de Ministres & de Philosophes, & mettre tout uniment sur le Trône celui de tous les Philosophes qui se trouveroit le plus versé dans la Doctrine de *la sensibilité physique*. O que je voudrois voir une fois dans ma vie, une Nation élevée & gouvernée sur le principe de *la sensibilité physique !* — Mon fils, le divin *Platon* a formé le même vœu; & *il avoit, sans doute*,

entrevu cette vérité, lorsqu'il disoit : « Le
» moment où les Villes & leurs Citoyens
» seront délivrés de leurs maux, est celui
» où la Philosophie & la Puissance réunies
» dans le même homme, rendront la vertu
» victorieuse du vice (1) ». A ces mots,
Philémon fait une inclination très-profonde, remercie le Philosophe, & se retire.

Quel homme ! disoit-il en s'en retournant ; je lui demande de m'expliquer nettement comment le bonheur de l'humanité est attaché à la Philosophie ; & il va me jetter dans un dédale de raisonnemens creux, & m'égarer à perte de vue dans tout l'entortillement de la plus aride & la plus rocailleuse dialectique ! Pourquoi faut-il que je sois Philosophe ? Quels principes, bons Dieux ! Et c'est de cette Métaphysique assoupissante, qu'on prétend faire sortir le bonheur de tout le genre-humain !

Dans son trajet, il rencontre un Ecclésiastique qui portoit à un moribond les

_____

(1) *De l'Homme.*

152 L'Esprit des Philosophes

derniers secours de la Religion. Aussi tôt il se prosterne comme par un mouvement involontaire. O Religion adorable, s'écrioit-il en lui-même! ton grand triomphe, c'est d'être nécessaire à l'homme qui meurt, & d'être le seul *systême* qui nous console encore, lorsque tout s'enfonce & s'évanouit autour de nous. Il se lève, se mêle dans la foule de ceux qui accompagnoient le Prêtre, le suit jusques dans l'appartement du malade, qui paroissoit violemment troublé de l'approche de sa dernière heure. O Monsieur Dionysio! se disoit-il en regardant ce triste spectacle, que peuvent ici toutes les idées de Législation & de *sensibilité physique?* Que diriez-vous à cet homme qui ne sait plus à quoi se prendre, pour le rassurer contre les terreurs qui l'environnent? « Insecte de ce » globe! tu as assez rampé : subis le destin » de tous les êtres; pardonne à la Nature, » & meurs ». Voilà les dernières consolations de la Philosophie.

Toutes les circonstances sembloient avoir été combinées pour Philémon. Le mourant avoit vécu dans l'Incrédulité, & ne s'en étoit pas caché. Il n'y avoit que très-peu de momens qu'il s'étoit enfin rendu aux inftances du Pafteur & aux repréfentations de quelques amis vertueux, qu'il avoit parmi un très-grand nombre de mauvais. La chambre fe trouvoit remplie des uns & des autres. Le Miniftre de la Religion, avant de commencer la cérémonie facrée, s'approche du malade, & lui adreffe ces paroles :

„ La Religion, Monfieur, en vous
„ apportant fur ce lit de douleur, le
„ gage adorable de la vérité de fes pro-
„ meffes, ne veut plus que vous foyez
„ affecté d'un autre fentiment, que de la
„ joie douce & pure d'une ame revenue dans
„ le fein de la Vertu. Recueillez-vous avec
„ une tendre & entière confiance, fous
„ le regard miféricordieux de ce grand
„ Dieu qui eft tout, qui remplit tout,
„ qui, feul au milieu des viciffitudes
„ éternelles d'ici-bas „... Tout-d'un-coup il eft interrompu par un regard où étinceloit tout le défefpoir d'un infortuné que

les flots engloutiffent. Des yeux qui, tantôt se roulent çà & là, & tantôt se fixent d'une manière horrible, glacent d'effroi tous les Spectateurs. Le Prêtre n'a plus la force de parler. Le mourant rompt enfin ce terrible silence : » L'iniquité de l'Im-
» pie eft ineffaçable : ce n'eft point à lui
» qu'il faut parler d'efpérance. Mon crime
» a pénétré dans l'intérieur de mes os ;
» je le fens couler avec mon fang dans
» mes veines ; on ne fauroit plus le fé-
» parer de ma propre fubftance. La pré-
» fence de ce Myftère terrible & tou-
» chant, dans une demeure où il fut
» mille fois blafphémé, ne fait qu'ajou-
» ter à l'horreur du fouvenir de ma vie.
» Reportez-le dans le Temple, Monfieur;
» mon cœur le repouffe. Ce qui eft fi
» faint, ne doit réfider que dans des
» afyles innocens & purs... O perfide
» Philofophie ! vois ton ouvrage... Les
» miférables ! encore tout-à-l'heure....
» Eh ! n'avois-je pas affez de mes propres
» horreurs, fans qu'ils vinffent y mêler
» encore celles de leurs affreux confeils ?

» Sortez de ce lieu, suppôts de l'Enfer:
» votre souffle empoisonne encore mon
» dernier moment. Allez jouir dans vos
» conventicules ténébreux, de votre bar-
» bare triomphe. Le vœu de votre per-
» versité est accompli ; car j'ai vécu sans
» sagesse, & je meurs sans espoir. Cruelle
» réflexion ! » Alors un torrent de pleurs
inonda son visage pâle & livide. Le Ministre saisit ce moment d'attendrissement pour le rappeller à des pensées plus consolantes & plus dignes de la douceur de la Religion. Il lui parla de ce grand *Mystère de tendresse manifesté dans notre chair*, de ce secret profond & étonnant de la sagesse & de la bonté divine, pour nous rendre possible jusqu'au dernier soupir, notre réconciliation avec le Ciel & la Vertu, & pour s'imposer à elle-même, en quelque sorte, la nécessité de ne jamais rejetter ce qui, en expirant, revole dans son sein. » Ne savez-vous pas «, ajoutoit-il, en lui montrant le signe auguste du salut du monde, » que toutes
» les expiations de cette grande Victime,

» que toutes les larmes qu'elle a versées,
» que tout le sang qu'elle a répandu, que
» tout le poids infini de la satisfaction
» qu'elle a offerte pour tous les crimes de
» la terre, vous appartient? & que vous
» pouvez défier le Ciel & la Terre d'é-
» branler une espérance soutenue de toute
» la force même qui créa l'un & l'autre?
» Songez donc que dans la Religion, tout
» ne nous parle que de pardon; qu'un soupir
» du cœur y est quelque chose de si précieux
» & de si grand, qu'en un instant il incor-
» pore l'ennemi le plus irréconciliable de
» la Vérité & de la Sagesse, dans la société
» immortelle des Elus de Dieu. Voyez ce
» violateur de toutes les Loix de Dieu &
» des hommes, qui meurt à Jérusalem à
» côté du Christ du Seigneur: lors que
» toute la Nature semble demander con-
» tre lui une vengeance éternelle, il ne
» craint pas de chercher dans le sang ado-
» rable qui coule près de lui pour la ré-
» demption de tout l'Univers, un abri
» contre l'horreur de ses crimes. Et tout
» d'un coup, le voilà au rang des Justes;

» son dernier soupir devient l'expiation de
» la chaîne immense de ses prévarications.
» Il en est une, Monsieur, qui outrage
» plus la Divinité, que toutes celles dont
» le souvenir vous épouvante : c'est de
» douter de sa bonté & de la vérité de
» ses promesses. Heureux qui comprend
» bien toute la profondeur ineffable du
» Mystère d'un Dieu anéani dans notre
» ressemblance ! Saint Paul, cet organe
» sublime des merveilles du Très-Haut,
» l'appelle le *suprême effort* d'une mi-
» séricorde à qui notre bonheur est aussi
» nécessaire, que l'est à un père tendre,
» celui de ses enfans. *Comme les enfans,*
» dit-il, *participent à la chair & au sang
» des Auteurs de leurs jours,* Dieu a aussi
» *voulu participer à ces choses,* & donner
» à son amour pour nous, le vif & puis-
» sant intérêt de la Nature & du sang.
» Quelles paroles ! quelle peinture ! quel
» fond inépuisable de consolations ! N'est-
» ce pas comme s'il disoit : dans tous les
» tems, & lorsque ce grand Dieu ne résidoit
» encore que dans sa lumière inaccessible,

» nous étions ses enfans ; & du haut de son
« Trône, il étoit attentif à nos besoins &
» touché de notre misère. Mais afin que
» nous ne pussions jamais douter de la vérité
» & de la force de son amour infini, &
» comme pour sentir plus vivement nos
» maux, & mieux compatir à nos peines,
» il a voulu franchir tout l'intervalle qui
» le séparoit de nous, se rendre en tout
» semblable aux tristes enfans d'Adam,
» souffrir & pleurer avec eux, s'attendrir
» sur eux avec toute la sensibilité que
» donne l'expérience des mêmes amer-
» tumes, les secourir & leur pardonner
» avec toute l'effusion de tendresse qu'é-
» prouve un Père qui voit souffrir ce qui
» lui est si cher, & qui trouve prosterné à
» ses pieds *la chair de sa chair, & l'os de*
» *ses os.* «.

Alors une douce sérénité se répandit sur le visage du mourant. Une joie pure & pleine d'un ferme courage, renaissoit dans son cœur. O heureux, disoit-il, les hommes qui voient la Religion dans toute sa beauté ! Peut-on la voir sans l'aimer ? & qui peut l'aimer sans être consolé ? Il reçut, dans les transports d'une confiance tendre, & au milieu des larmes de joie qui couloient des yeux de tous les Assistans, ce Sacrement dont la vue ne l'avoit effrayé d'abord, que par la crainte qu'il avoit de le profaner dans son cœur. Il lui sembla alors, que tout étoit changé pour lui dans le monde, & que l'Univers entier le félicitoit du grand évènement qui venoit de le délivrer du poids de ses frayeurs & de ses remords. Il attendit avec la noble tranquillité que donne le recouvrement de la vertu, le moment de son trépas ; & il mourut doucement, ses lèvres collées sur un Crucifix qu'il tenoit dans ses mains.

Philémon sortit profondément frappé de tout ce qu'il venoit de voir & d'entendre. A quelques pas de cette funèbre demeure, il rencontre un de ces Paladins de la Troupe illustre. — Que viens-je d'apprendre, lui dit celui-ci ? On assûre que le bon Oronte *a eu peur du Diable*,

& qu'il est mort comme un imbécille....
Philémon frémit d'indignation, ne répond pas un mot, & poursuit son chemin. Arrivé chez lui, il trouve une Lettre. Elle lui venoit d'une vieille parente qui demeuroit dans une campagne à quelques lieues de la Capitale, & qui, ayant appris que son neveu étoit à Paris, l'invitoit à venir passer quelques jours avec elle. Jamais proposition ne fut mieux accueillie. L'ame de Philémon étoit dans une situation qui demandoit du repos & de la liberté. Il part. Au bout de quelques semaines, il écrivit à un ami cette Lettre qui est trop longue; mais qu'on doit passer à un homme vivement affecté des moindres circonstances de ce qu'il a vu & entendu.

« Il n'y a plus moyen d'être Philosophe, mon Ami. Je suis ici le spectateur d'un miracle auquel il n'est pas possible de tenir. Quelles mœurs! quelle innocence! quel amour de la justice! Il n'est presque pas, dans ce Hameau, une seule famille qui ne soit pauvre; & je n'y ai pas encore

core rencontré un seul homme qui se plaignît d'être malheureux. Le jour de mon arrivée, je ne trouvai pas ma parente. Elle étoit allée en visite dans une Paroisse voisine, où elle devoit rester jusqu'au lendemain. J'allai passer mon tems à visiter les alentours du Village. Le premier objèt qui s'offrit à ma vue, étoit un Vieillard chargé de ramées, qui se reposoit sur une borne, & qui paroissoit parler tout bas. — Brave homme, lui dis-je, je m'afflige de vous voir si fatigué sous ce fardeau. — Je suis fait, Monsieur, pour avoir de la peine : je ne m'en plains pas, parce que Dieu le veut ainsi, & que je suis bien sûr qu'il a de bonnes raisons dans tout ce qu'il fait. — Il m'a semblé que vous prononciez des mots ; je croyois que vous murmuriez de la dureté de votre état. — A Dieu ne plaise ! Monsieur, je priois ce Dieu de bonté de bénir ma vieillesse, de m'accorder une bonne mort, de me donner la patience, & d'accepter mes souffrances en expiation de toutes les fautes de ma vie. Ah! ce n'est rien d'endurer des maux sur la terre, pourvu qu'on en fasse un bon usage, & que le Dieu de la paix soit avec nous. C'est ce que notre saint & respectable Pasteur ne cesse de nous dire. Aussi il n'y a pas une seule ame dans le Village qui manque à ses instructions. Il nous dit des choses si belles & si consolantes, ce digne Prêtre! Avec cela, il n'a rien à lui; il donne tout aux pauvres, qu'il appelle *les enfans de son cœur.* Lorsque dans de mauvaises saisons il n'a pas assez pour soulager ses pauvres Paroissiens, il va lui-même, accompagné du Marguillier, dans les maisons les plus aisées; *aidez-moi*, dit-il, *à donner du pain à nos bons amis qui en manquent*, & aussi tôt on se fait un devoir d'exposer devant lui le pain, le blé, tout ce qu'il y a dans la maison; & il fait emporter ce qu'il veut. Quel homme, Monsieur, quel homme! Daigne le Ciel en réserver un pareil pour nos petits enfans!

„ Plus loin, j'apperçois un autre Paysan qui défrichoit un quarré de terre enfoncé dans des champs labourés, dont il traverſoit toute la longueur, pour apporter ſur le ſentier où j'étois, des amas de pierres & de racines. — Mon Ami, que ne diſperſez-vous ces immondices dans les héritages voiſins ? vous feriez peu de tort aux autres, & vous vous épargneriez une grande peine. — Monſieur, j'aimerois mieux faire dix fois plus de chemin, que de ſuivre un pareil conſeil. On ne connoît pas dans notre Village, cette façon d'abréger ſa beſogne. Nous nous aimons trop les uns les autres, pour nous faire la plus petite peine. Nous avons un Paſteur qui ne ſe conſoleroit jamais, s'il ſavoit qu'il y a quelqu'un dans ſa Paroiſſe d'aſſez peu Chrétien, pour jetter dans le champ d'autrui, ce qui lui déplaît dans le ſien. Encore Dimanche dernier il nous diſoit à ſon Prône : « *O mes chers enfans ! ne faites jamais à autrui ce que vous ne vou-*

driez pas qu'on vous fît à vous-même. Tenez, Monsieur, si je faisois jamais une chose pareille, mon cœur me la reprocheroit comme une indignité, & j'aurois honte de me montrer devant Dieu pour lui faire ma prière avant de me coucher. Personne ne m'a jamais fait ici le moindre tort ; je n'ai reçu, au contraire, que des services de tout le monde. Il faudroit être bien misérable, pour causer de la mortification à de si braves gens. — Au moins votre Pasteur vous pardonne de haïr les Collecteurs, & de murmurer contre les impôts. — Nous ne haïssons personne, & nous ne murmurons de rien. Les Collecteurs font leur devoir ; & nous les estimons comme tous les honnêtes gens qui font ce qui est de leur état. Nous payons le tribut, comme nous allons à la Messe ; car notre Pasteur nous dit que ce devoir nous étant commandé par Jésus-Christ, nous sommes obligés de le remplir avec le même respect & la même soumission d'esprit &

de cœur, que tout le reste de ce qui nous est ordonné dans l'Evangile; que nous devons aimer le Roi comme le père commun de toute la Nation, & l'honorer comme étant revêtu de la puissance & de l'autorité de Dieu même. Il n'en parle jamais lui-même qu'avec le plus profond respect. Il nous le rend cher, par tout ce qu'il nous dit de son bon cœur, de la peine qu'il ressent, lorsqu'il est forcé d'augmenter nos Charges, & de la bonne volonté qu'il a de nous faire tout le bien qui dépendra de lui. Car ce digne homme n'est pas glorieux, au moins; il aime à venir nous trouver dans nos champs; voir comment nous nous portons, & causer avec nous avec autant de bonté, que si nous étions ses pareils. Quand il nous a dit quelques mots, cela nous redonne du courage, & nous faisons quatre fois plus d'ouvrage qu'auparavant. *Adieu, mon ami Georges*, me dit-il en me quittant ici l'autre jour ; *lorsque vous regardez ce beau & riche soleil qui éclaire votre petit* quarré, élevez quelquefois votre ame jusqu'à l'Ouvrier suprême qui l'a formé, & qui vous réserve la vue d'une lumière bien plus belle encore. Rien qu'un petit mot comme cela, tenez, Monsieur, ranime toute notre religion, & nous console de tout.

„ J'entendis alors la grosse cloche de la Paroisse; & en même temps je vis tous les hommes & toutes les femmes qui étoient dispersés dans les champs & sur les côteaux, quitter tous à la fois leur travaux, & s'avancer précipitamment vers le village, portant derrière eux leurs petits enfans, & sur leurs épaules, les instrumens de leurs exercices champêtres. Georges, de son côté, se préparoit à rejoindre la foule. — Qu'est-ce donc que ce départ précipité, lui dis-je? Car le jour étoit encore loin de son terme. — Tous les ans, Monsieur, à pareil jour, c'étoit fête ici. Monseigneur l'Evêque a supprimé cette fête, à cause de la misère des temps. Comme c'est aussi le jour anniversaire de la prise de possession de notre cher Pasteur, nous l'avons prié de nous le faire chommer au moins vers le soir. Il ne refuse jamais aucune occasion de nous avoir tous rassemblés dans le lieu saint, & de nous y parler de Dieu & de nos devoirs; il n'eut donc garde de manquer celle-ci: & c'est le désir de l'entendre, qui cause cet empressement que vous voyez; car on ne s'en lasse jamais.

„ Je m'acheminai, mon Ami, avec tout le vertueux Troupeau, vers le Temple. Quelle fut ma surprise, en voyant un grouppe d'Ecclésiastiques recueillis & modestes, se mêler dans la multitude qui se hâtoit d'arriver! — Quels sont ces Prêtres, demandai-je à Georges qui ne m'avoit pas quitté? — Ce sont, Monsieur, des Curés de notre voisinage. Ils regardent le nôtre comme leur père: ils ne font rien sans son avis; ils admirent sa sagesse, & ils l'écoutent comme un Ange du Ciel. Comme ils n'ont pas d'Office à faire chez eux aujourd'hui, ils sont charmés d'avoir cette occasion pour venir à sa prédication, & s'édifier avec nous des belles morales qu'il nous fait....

» Cet excellent homme, dont la vue seule étoit une prédication sublime, déploya en effet, dans l'instruction touchante qu'il fit, une force & une majesté dignes des premiers Apôtres de la Religion. Tout y tendoit à donner à ses Paroissiens une haute idée de leur état ; à leur montrer, dans l'obscurité & les travaux de la vie champêtre, la possession de tous les trésors de la Foi.... Mon Ami, je ne puis résister à mon extrême envie de vous communiquer ce que j'ai retenu d'un discours qui a fait sur moi une impression ineffaçable. En voici donc quelques morceaux, que vous pourrez confronter avec les beaux passages que la Philosophie de M. Dionysio nous fournit pour la consolation de la souffrante Humanité.

» Les Prophètes, mes chers Enfans,
» qui nous ont montré de si loin les bé-
» nédictions & les richesses de l'Evangile,
» ne cessent de nous transporter dans les

» lieux champêtres, & sous le chaume où
» résident l'innocence & la pauvreté ;
» comme si Dieu avoit spécialement choisi
» la simplicité de ces asyles calmes & tran-
» quilles, pour y accomplir les plus grands
» desseins, & y verser tous les trésors de
» sa magnificence éternelle. *O montagnes,*
» s'écrioient-ils, *préparez-vous à recevoir*
» *du haut du Ciel, cette paix* désirable
» que vos sommets, en s'élançant si haut
» dans les airs, semblent *solliciter pour les*
» *Peuples* qui habitent vos alentours. Par-
» tout les divins Oracles font ruisseler
» dans le sein des campagnes, & dans
» l'humble demeure de l'Artisan & du
» Laboureur, *les eaux* mystérieuses & vi-
» vifiantes que la Divine Miséricorde devoit
» faire sortir dans le temps marqué par sa
» sagesse, *des sources* intarissables *du Sau-*
» *veur* promis à la terre. Alors, dit l'Es-
» prit de Dieu, on verra les *côteaux dis-*
» *tiller la douceur* & l'abondance. *La Jus-*
» *tice & la Félicité germeront du fond des*
» *rochers & autour des collines. Tous les*
» *rameaux des forêts s'agiteront de joie de-*

» vant la face *du Seigneur qui arrive* pour
» bénir & sanctifier toute la Nature. *Les
» hauteurs & les vallées, les ruisseaux &
» les fleuves, les hameaux & les déserts
» adoreront le Christ du Dieu saint, &
» se réjouiront avec l'Homme de l'heu-
» reuse nouvelle de sa délivrance & de son
» élévation.* Ce Messie, si nécessaire à tout
» l'univers, sera de prédilection, *le Pro-
» tecteur des malheureux, l'appui du foi-
» ble, le père de l'orphelin ; & les noms
» des pauvres seront à ses yeux des noms
» chers & respectables. Animas pauperum
» salvas faciet.... & honorabile nomen eorum
» coram illo.*

» Il arrive, en effet, cet instant si mé-
» morable, marqué pour la Rédemption
» du genre humain ; & le grand Mystère
» caché de toute éternité dans la profon-
» deur des divins conseils, se consomme
» dans les ténèbres... *Lorsque la nuit étoit
» au milieu de son cours,* disent les Livres
» sacrés ; lorsque la Puissance des Cé-
» sars *réduisoit au silence toutes les Na-
» tions* de la terre ; lorsqu'une *paix pro-*

» fonde & *universelle* étoit comme le
» signal auguste du grand évènement qui
» alloit changer toutes choses dans l'Uni-
» vers; le Christ du Dieu vivant, à l'insu
» des Maîtres du monde, & dans l'obs-
» curité de l'asyle le plus misérable, vient
» couronner une attente de quatre mille
» ans, & clore, par *la manifestation de la*
» *vie éternelle qui n'avoit* jamais *résidé que*
» *dans les splendeurs du Père*, tous les
» changemens & tous les spectacles qui
» n'avoient paru, depuis le commence-
» ment du monde, que pour préparer
» cette grande révolution. *Peperit Maria*
» *Filium suum primogenitum, & reclinavit*
» *eum in præsepio.* Voilà donc, ô mon
» Dieu, le dénouement de toutes ces scè-
» nes éclatantes qui vous rendoient si grand
» & si redoutable au milieu de votre ancien
» Peuple ! Ainsi Abraham & tous les Pa-
» triarches, Moïse & tous les Prophètes,
» Jérusalem & toute la magnificence de
» ses Cérémonies & de son Temple, toute
» cette majestueuse & ancienne Economie
» où tout étoit si imposant, si grand, si

» divin; tout ce long & riche appareil, toute
» cette suite de figures & d'Oracles, tout
» cela se trouve accompli & consommé
» dans ce court & humble récit d'un Evan-
» géliste : *Peperit Maria Filium suum*
» *primogenitum*... Ainsi la demeure du
» Pauvre, la triste retraite de ceux que
» leur indigence fait rejetter de l'Hôtel-
» lerie, devient le premier Temple que le
» Saint des Saints consacre par sa présence;
» *& le Désiré des Nations* apporte au sein
» de l'infortune & de l'humiliation, les
» prémices des dons & des richesses inef-
» fables dont il devoit inonder l'Univers....
» Grand Dieu ! lorsqu'autrefois vous vous
» mettiez en marche à la tête de votre
» Peuple, & que vous traversiez avec lui
» d'immenses déserts, la terre trembloit;
» on voyoit les cieux & toute la nature
» se dissoudre devant la Majesté formi-
» dable du Dieu de Sinaï: *Cœli distilla-*
» *verunt à facie Dei Sinaï*. Mais ici, ni
» le Ciel, ni la Terre n'avertissent, par
» l'éclat de leurs transports, les Rois &
» les Nations, du miracle qui termine à

» Bethléem toute la suite des desseins du
» Tout-Puissant : & les premiers Confi-
» dens de cette grande nouvelle qui inté-
» resse tous les hommes & tous les siècles,
» seront choisis au fond des champs, &
» dans la classe des petits & des Pauvres.
» *Pastores erant in regione eâdem vigi-*
» *lantes, & custodientes vigilias noctis su-*
» *per gregem suum.* C'est à cette troupe
» innocente de Pasteurs, occupés dans
» le silence & les ténèbres de la nuit, à
» surveiller leurs brebis, que le Ciel an-
» nonce la venue du Royaume de Dieu :
» & des hommes inconnus à toute la terre,
» sont devant la sainteté de l'Être éter-
» nel, plus grands & plus dignes d'entrer
» dans le secret de sa sagesse, que tous
» ces dépositaires redoutables de la Puis-
» sance Romaine qui tenoient dans leurs
» mains le sort de l'Univers entier.

» O innocence des Champs ! il est donc
» vrai que dans votre inculte simplicité,
» vous étiez plus propre que tous les
» palais somptueux qui embellissent les

» grandes Cités, à devenir le berceau de
» cette Religion adorable qui fait la ri-
» chesse & la gloire du monde.

» Or, mes chers enfans, quelqu'inex-
» plicable que soit ailleurs la conduite de
» Dieu sur les hommes, on peut dire
» néanmoins que dans cette dispensation
» spéciale du grand don que sa miséricorde
» avoit depuis si long-temps préparé à la
» terre, la raison elle-même rend témoi-
» gnage à la profonde Sagesse qui cache
» l'adorable dépôt du salut du monde, loin
» du séjour du luxe & des passions, &
» qui ne le *révèle qu'aux simples & aux*
» *petits*. Il étoit juste que la Sainteté
» éternelle, en descendant du haut de la
» gloire de Dieu, choisît sa première de-
» meure dans ce qu'elle trouvoit de moins
» corrompu dans la Nature, & qu'elle
» fît luire les premiers rayons de la vie
» éternelle qu'elle offroit à tout le genre-
» humain, sur les cœurs les plus droits
» & les plus innocens..... Oui, mes En-
» fans, les champs sont la résidence na-

» turelle de tout ce qui est saint. Il y a
» une si grande conformité entre la beauté
» des spectacles qu'ils présentent, & la dou-
» ceur de l'esprit de la Religion ! Tout
» y est si calme, si innocent, si tranquille !
» Tout y raconte si éloquemment la gloire
» & la puissance de ce grand Dieu *qui a*
» *fait le Ciel & la terre !* Tout nous y
» parle d'une manière si touchante de la
» tendresse de notre Père immortel, des
» ressources inépuisables de sa bonté, de
» l'assiduité imperturbable de sa Provi-
» dence ! .... Ah ! faut-il s'étonner que les
» célestes Intelligences aient fait répéter
» aux échos des rochers & des cavernes,
» plutôt qu'aux voûtes des Palais des Rois,
» les accens sublimes de ce divin Canti-
» que : *Gloire immortelle au Dieu Très-*
» *Haut, & paix éternelle à la terre.*

» Prêtres d'une si auguste alliance ! chers
» & respectables Collègues, que votre
» piété humble & tendre confond en ce
» lieu saint avec les derniers *de ceux qui*
» *invoquent le nom dn Seigneur !* Flam-
» beaux du monde ! Canaux sacrés & vé-

» nérables, destinés à répandre dans la con-
» trée des *Pauvres de Sion*, les dons de
» la divine Magnificence ! quelles fonc-
» tions, que celles qui sont confiées à
» notre Sacerdoce !.... Pénétrez-nous
» donc, Seigneur, de la grandeur d'un tel
» ministère ; & puisque vous avez daigné
» nous choisir pour être les Apôtres de
» ces habitations solitaires, où votre Evan-
» gile a pris naissance, revêtez-nous de
» cette force divine qui fait susciter du
» sein de la pauvreté, la famille éternelle
» du *Père du siècle futur*.... Que vous êtes
» grands, ô Pasteurs des Elus de Dieu !
» que vous offrez au Ciel un spectacle
» digne de ses regards, lorsqu'éloignés de
» toutes les inutilités d'un monde pro-
» fane, vous attachez toute la félicité de
» votre vie, à faire briller dans les ames
» des *malheureux* & des *oppressés*, cette
» grande lumière qui élève les petits au-
» dessus des Dominations & des Trônes !
» lorsque vous vous enfoncez dans ces ré-
» duits obscurs & dépourvus, où, au mi-
» lieu de tout le triste appareil d'une vie
» laborieuse

» laborieuse & souffrante, le *doigt de*
» *Dieu* forme en silence les glorieux As-
» sociés de son immortalité & de sa gloire !
» & que vous faites retentir de la Doctrine
» du salut, ces Temples rustiques, où *le*
» *sang de l'Agneau* marque & consacre
» bien plus d'Elus, que devant ces Au-
» tels des Cités qui sont si souvent pro-
» fanés par le fastueux étalage de l'orgueil
» & de l'opulence ! *Qu'ils sont beaux,*
» *sur les montagnes, les pieds de celui*
» *qui annonce la paix*, & qui *publie la*
» *grande nouvelle* de la délivrance & *du*
» *salut* universel ! Par cette noble & tou-
» chante image, l'esprit de Dieu a voulu
» nous tracer le plus éclatant caractère de
» la mission de l'Homme-Dieu. Et se
» pourroit-il, ô mon Dieu ! que les dé-
» positaires de son Sacerdoce & de ses
» Mystères, connussent jamais au monde
» une fonction plus honorable, que celle
» qui fit le triomphe & la gloire de son
» laborieux ministère.

» En effet, mes chers Enfans, si vous
» suivez ce divin Maître dans la pénible

M

» carrière qu'il a parcourue sur la terre,
» pour rassembler & sanctifier les Citoyens
» du Ciel, vous verrez que les campagnes
» furent le principal théâtre de ses pré-
» dications & de ses travaux ; & les pau-
» vres, les plus chers & les plus ordinaires
» objets de son assiduité & de son zèle.
» Il se renferme dans les hameaux & les
» bourgades de la Judée & de la Galilée.
» Et lorsqu'il veut exposer cette Philoso-
» phie si divine, si supérieure à toutes les
» découvertes de la sagesse humaine, il
» se retire sur le sommet d'une monta-
» gne, comme pour donner à la vérité
» qui va se manifester par sa bouche, un
» Trône où tout soit innocent & pur.
» *Ascendit in montem, & docebat eos di-*
» *cens: Beati pauperes spiritu*.... Si dans
» les courses qu'il entreprend pour rame-
» ner *les brebis dispersées de la Maison*
» *d'Israël*, il rencontre quelquefois les
» Grands & les riches de la terre, il sus-
» pend, pour ainsi dire, devant eux, toute
» l'activité de son ardeur : un grave & pro-
» fond silence annonce à tout ce qui l'en-

» vironne, que les heureux de ce siècle
» sont peu habiles à recevoir *le Royaume*
» *de Dieu :* ou, s'il daigne faire enten-
» dre sa voix, son langage est court &
» sévère. Il ne trouve plus dans des ames
» corrompues par la prospérité & l'abon-
» dance, un reste de droiture & de vé-
» rité, où il puisse faire germer la Doc-
» trine de la vie éternelle....

» Mais au milieu des pauvres, ah !
» l'on croit voir un père dilater son cœur
» au sein de la Nature. Quelle douce
» familiarité ! quels délicieux épanche-
» mens ! Tout ce qui lui appartient est
» à eux ; il leur donne tout, sa félicité,
» son Royaume, son éternité, son unité
» avec Dieu. Il les instruit des plus hau-
» tes merveilles, il les soutient & les en-
» courage contre les tentations & les con-
» trariétés de la vie ; il *les garde comme*
» *la prunelle de son œil....* On voit bien
» qu'il se trouve-là dans sa véritable fa-
» mille, & que c'est de-là qu'il doit tirer
» les cohéritiers de sa gloire & de son im-
» mortalité....O cher & *petit troupeau* que

» mon père a confié à ma vigilance, & à
» mon amour! leur disoit-il, en jettant
» sur eux des regards où se peignoit toute
» l'émotion d'une ame que son zèle dé-
» vore: précieux & touchans objets des
» plus grands desseins d'un Dieu! Ah!
» *ne craignez rien* de tout ce qui peut
» vous arriver de la part des hommes;
» car ses yeux sont toujours attachés sur
» vous, & *il mèt toute sa complaisance*
» *à vous préparer un repos* & un bonheur
» que les méchants ne viendront jamais
» troubler.... La face du monde a beau
» offrir à la curiosité des autres hommes,
» des vicissitudes étonnantes; l'Homme-
» Dieu ne paroît nulle part affecté que de
» l'accomplissement de son grand ouvrage.
» Ni la nouveauté des évènemens, ni les
» grandes révolutions des Etats, ni la
» magnificence des Cités & des édifices,
» rien ne peut le faire sortir de ce recueil-
» lement majestueux & profond où il mé-
» dite le salut éternel de *ceux que son père*
» *lui a donnés*. Il n'y a que l'opération
» invisible de sa grace dans des cœurs

» droits & sincères, qui soit un spectacle
» digne de l'émouvoir ; & il ne voit rien
» dans l'univers qui soit comparable à la
» grandeur d'une âme à qui *Dieu a ma-*
» *nifesté sa gloire.* C'est alors qu'il se ré-
» veille, pour ainsi dire, qu'il est frappé
» & qu'il admire : c'est alors que tranf-
» porté d'une joie pure & toute céleste,
» il s'écrie : *O mon Père ! Roi immortel*
» *du Ciel & de la terre*, que tout *vous*
» *loue & vous glorifie* dans l'univers, *de*
» *ce que vous avez caché* à l'orgueil des
» *Sages*, les secrets de votre impénétra-
» ble Sagesse, & que vous les avez révé-
» lés à la simplicité & à l'innocence *des*
» *plus petits* des enfans des hommes.

» Qu'elle est donc glorieuse & aimable,
» mes très-chers enfans, votre destination
» à vivre, à travailler & à vous sanctifier
» dans la tranquillité des champs ! Et que
» vous ferez heureux, si vous connoissez
» vos avantages, & la richesse des ressour-
» ces qui vous sont offertes ! . . . . . Et nous,
» chers & respectables Confrères, com-
» bien nous devons bénir le Ciel de nous

» avoir appellés à la garde d'une portion
» si pure & si précieuse du Troupeau du
» Seigneur ! Remplissez-nous, ô mon Dieu,
» de l'esprit d'une si haute vocation...
» Ah ! si nous entendons bien le secret
» de la divine Sagesse, nous comprendrons
» que les lieux les plus isolés & les plus
» obscurs de l'univers, sont les véritables
» Trônes de la Royauté sacerdotale, &
» des pauvres de la terre, les vrais tro-
» phées du Ministère apostolique. *Qu'ils*
» *sont beaux sur les montagnes !* (il est doux
» & consolant de le redire.) *qu'ils sont*
» *beaux, les pieds de celui qui annonce*
» *la paix & l'heureuse nouvelle du salut !....*
» Ce n'est donc pas à nous, Messieurs,
» de nous plaindre de notre état & des
» difficultés de nos travaux. Ceux qu'il
» faut plaindre, ce sont ces Ministres de
» l'Evangile qui ont à prêcher la Pénitence
» au milieu des Cours & de tout le tour-
» billon des passions & des grandeurs hu-
» maines ; qui ont à porter le nom & la
» Doctrine austère d'un Dieu crucifié, de-
» vant ces assemblées que le faste scan-

» daleux de l'orgueil environne, & dont
» l'attitude & les regards seuls font une
» insulte faite à la sainteté de la Reli-
» gion.... Mais nous, ce qui est confié à
» notre zèle, est déjà si près du *Royaume de*
» *Dieu !* Nous prêchons des hommes si
» préparés à goûter les vérités de la vie
» future !.... Ce sont des martyrs com-
» mencés, si j'ose ainsi parler ; & tout le
» corps de leur vie & de leurs œuvres,
» n'attend plus de notre ministère que ce
» souffle évangélique qui vivifie & con-
» sacre tout ce qui le reçoit, pour en
» faire les Héros de la Grâce & de l'Eter-
» nité. Ils n'ont plus besoin que de sim-
» ples purifications, pour devenir des *pier-*
» *res vivantes* de l'*Edifice* immortel *établi*
« *sur le fondement des Apôtres & des Pro-*
» *phètes ;* de sorte que ce qu'il y a de plus
» difficile à produire dans le cœur des
» autres hommes, pour les ramener & les
» sauver, nous le trouvons fait d'avance
» dans ces ames franches & laborieuses ;
» & que nous n'avons plus qu'à rendre
» les pénitents de la Foi & de l'Evangile,

» ceux qui font déjà les pénitens de la
» nécessité & de l'infortune.

» Alors une Paroisse champêtre devient,
» pour un Pasteur vertueux & sensible,
» le plus beau, le plus ravissant spectacle
» que puisse offrir tout le grand théâtre
» du monde. Il y voit briller la Religion
» dans toute la gloire de son triomphe;
» & la touchante image du règne de
» Dieu établi parmi les siens, vient sans
» cesse réveiller dans son ame les plus
» délicieux ressouvenirs, & porter la séré-
» nité jusqu'au fond de son innocente re-
» traite. Au dehors, ses yeux ne rencon-
» trent que des monumens consolans du
» pouvoir de la Religion pour soutenir
» les malheureux.... Ici, le Laboureur,
» en traçant son sillon, unit sa voix au
» doux ramage des oiseaux qui voltigent
» sur sa tête, & fait retentir les airs des
» *Cantiques* de la glorieuse *Sion*. Là, le
» modeste Artisan à son attelier, s'encou-
» rage contre l'importunité des travaux,
» par la vue de ce Dieu qui voit tout,
» qui nous compte tout, qui nous garde

» le précieux dépôt de nos souffrances &
» de nos œuvres, pour le couronner bien-
» tôt de tout le *poids éternel* de sa féli-
» cité & de sa gloire. Ici, la mère de
» famille au milieu de ses enfans, exerce
» leurs langues bégayantes à invoquer le
» *Père qui est dans le Ciel*, & contem-
» ple dans ce qui est sorti de son sein,
» ce qui vivra éternellement dans celui
» de Dieu. Là, le Vigneron épuisé sur
» ses côteaux brûlans, & se désaltérant
» dans l'onde pure qui serpente autour
» de lui, soupire après ce *torrent de dé-*
» *lices* préparé *dans la Maison du Sei-*
» *gneur*, pour enivrer à jamais ceux qui
» auront été sur la terre *éprouvés par la*
» *tribulation*. Enfin le Vieillard, en expi-
» rant sans trouble & sans remords au
» fond de sa chaumière, bénit de sa main
» défaillante la tendre & chère postérité
» qu'il laisse sur la terre, en disant : O
» mes enfans qui croissez & vous forti-
» fiez pour me remplacer dans une triste
» & pénible carrière, ne vous effrayez
» pas de cette destinée. *Il est vrai que*,

» comme l'Auteur de vos jours, *vous vi-*
» *vrez dans la peine & dans la pauvreté.*
» *Mais que vous serez riches, si vous crai-*
» *gnez le Seigneur, & si vous demeurez*
» *fidèles à la pratique de ses saints pré-*
» *ceptes !....* Ah ! *nous sommes les enfans*
» *des Saints ;* & par-là, tout est à nous
» dans le Ciel & sur la terre.....»

Voilà, mon Ami, la substance de l'instruction que j'ai entendue de la bouche de ce respectable Prêtre. Je dirois volontiers comme Télémaque : « Quoique je ne comprisse pas encore parfaitement la sagesse de ce discours, je ne laissois pas d'y goûter je ne sais quoi de pur & de sublime : mon cœur en étoit échauffé, & la vérité me sembloit reluire dans toutes ces paroles. » Non, il n'est pas possible que je m'arrache à ce séjour enchanté ; une force secrette m'y retient & m'y enchaîne pour toujours. J'abdique de tout mon cœur la dignité de Philosophe, & je sacrifie sans répugnance tous les honneurs & tous les lauriers académiques, aux solides & délicieuses jouissances dont mon ame se trouve ici enivrée. Dans trois jours j'unis la destinée de ma vie à celle de l'innocence, de la vertu même. Ma parente a recueilli dès le berceau l'unique rejetton d'une famille vertueuse & pauvre. Elle a élevé avec tout le soin d'une mère tendre, cette orpheline intéressante, qui touche maintenant à sa dix-huitième année. Alexandrine (c'est le nom de cette jeune personne) fait la consolation & les délices de la bienfaitrice qui l'a adoptée. Si vous vous représentez la réunion de tout ce que la Nature & la Religion peuvent rassembler dans un être, pour en faire une créature admirable & accomplie, vous connoîtrez Alexandrine. On l'appelle dans la Paroisse *la Providence de la Communauté*. Jamais le Pasteur ne va porter dans la cabane d'un malade les secours de l'Humanité & de la Religion, qu'il ne s'y trouve précédé par Alexandrine. Elle est à tout, elle veille à tout, elle pourvoit à tout. *C'est ici ma place d'honneur*, dit-elle, lorsqu'elle s'assied auprès du lit d'un malheureux, *je ne la veux céder à personne*. Je ferois un livre, mon Ami, si je voulois vous donner le détail des actions & des vertus de cette respectable enfant. Ne suis-je pas trop heureux qu'elle daigne accepter une fortune si inférieure à celle que je fais en l'epousant ? Je vous aime assez pour souhaiter de tout mon cœur que vous tombiez dans la même folie. Lorsque vous voudrez voir de vrais Philosophes, c'est-à-dire, des heureux, venez visiter la charmante solitude que j'ai choisie pour mon Lycée & pour mon tombeau ».

Je vous laisse, mon cher Vicomte, à tirer de tout ce récit, les conséquences qu'il renferme, & à décider si la Philosophie a de quoi dédommager les hommes de la perte de la Foi.

HUITIÈME DISCOURS.

Licence effrénée des Ecrits des Philosophes ; source du désordre des mœurs publiques.

Lorsque Saint Paul *parloit de la justice, de la chasteté & du Jugement à venir*, devant Félix, Gouverneur de la Judée, celui-ci, *tout épouvanté* du sérieux & de la sévérité de ce langage, lui dit : *Retirez-vous quant à présent, je vous appellerai lorsqu'il en sera temps.*

Pour les Hérauts de la Philosophie moderne, mon cher Vicomte, ils ont très-spirituellement prévenu l'affront d'être renvoyés au loin, & parfaitement deviné le goût de tous les libertins du monde. Car vous savez bien que c'est du sein de la Philosophie que sont sorties toutes les obscénités dont se repaît la lie de tous les états, & que c'est-là le seul monument ineffaçable de son amour pour le bonheur de l'Humanité. Mais malheureusement pour elle, il y a sur la terre des hommes que ce brutal système de félicité indigne & révolte; & tandis qu'une jeunesse perverse & dissolue va puiser dans ces productions fangeuses, l'aliment & la sécurité des passions les plus avilissantes, la portion saine de la Société frémit à la vue d'une dépravation qui ne connoît plus ni réserve, ni ménagement, & conjure le Ciel d'éloigner d'elle & de ses enfans, ces destructeurs des mœurs, ces fléaux implacables de toute vertu & de toute pudeur.

Oui, Monsieur le Vicomte, on peut dire que c'est-là le côté honteux de la Philosophie, & le comble de l'opprobre de l'esprit humain. Malheur à notre siècle, si jamais la postérité vient à le juger par les scandales qu'il a produits, & les ames perverses qu'il a enfantées. La hardiesse & l'effronterie d'un libertinage inconnu jusqu'à l'âge philosophique; la réputation d'esprit supérieur, attachée à la bassesse des plus flétrissans écarts, & au mépris des nœuds les plus sacrés; une inertie générale qui pétrifie toutes les ames; l'immersion totale de la portion la plus précieuse de nos concitoyens, dans l'ivresse & la stupidité des sens; un dégoût universel pour les devoirs privés & domestiques; un caractère d'inconstance & d'inquiétude qui jette un chacun hors de l'enceinte de son état, & qui lui rend insupportable tout ce qui l'assujettit dans l'intérieur de sa demeure; l'agitation, le murmure, l'impatience d'un cœur que rien ne peut ni fixer, ni rassasier: enfin la dissipation & les courses éternelles d'une imagination qui voudroit tout voir, tout parcourir, tout éprouver, tout dévorer; voilà les déplorables trophées que nous trouvons érigés de toutes parts au Génie de la Philosophie, & le caractère qui distingue la grande époque du *progrès des lumières*. Voilà ce qui subsiste de plus permanent & de plus réel, des recherches & des découvertes de ces hommes qui se croient faits pour s'asseoir sur des Trônes, & seuls dignes de conduire l'œuvre de la félicité publique. Que seroit-ce donc, je vous le demande, que seroit-ce que des Philosophes Maîtres de la destinée des Peuples? sinon le pouvoir suprême changé, par son union à la malignité de tous les vices, en une toute puissance infernale pour la ruine & la désolation de toute la terre.

Un Ministre envoyé par son Prince pour vérifier les plaintes que les Philosophes ne cessent de faire au nom de la Patrie & de l'Humanité, pourroit, à son retour, lui rendre le compte suivant : » Sire, en parcourant vos Etats, j'y ai vu, en effet, couler des larmes amères, & pousser beaucoup de soupirs. Mais en examinant de près la constitution actuelle des mœurs, j'ai apperçu que l'une des sources les plus terribles des maux qui affligent vos peuples, c'est le cours & la faveur que donnent à la licence & au libertinage, ces Philosophes mêmes qui affectent de gémir sur le désordre de l'économie sociale

ciale. D'un côté, j'ai vu des Vieillards en cheveux blancs maudire le caractère sacré de père, & réduits à ne plus voir dans des enfans qui avoient fait toute leur gloire, que le déshonneur & l'opprobre de leurs derniers ans. Ils étoient nés, ces gages si chers de l'union la plus sainte, avec des inclinations heureuses; leurs ames tendres & innocentes s'étoient ouvertes d'elles-mêmes à toutes les salutaires impressions de la vertu. Mais au moment où l'amour des devoirs commençoit à acquérir ce degré de consistance qui en assure la durée, une jeunesse effrénée & sans mœurs est venue s'emparer de ces ames inexpérimentées & sans défense, & leur perte fut dès-lors inévitable. Leur imagination salie par des lectures dont une sage éducation les avoit long-temps préservés; leurs cœurs gâtés au milieu des voluptés abrutissantes dont une Philosophie sans pudeur ne cesse de présenter les dangereux tableaux, tout leur fait redouter & haïr la rencontre des regards paternels; & la nécessité de reparoître dans l'afyle de l'auſtère ſageſſe, eſt pour eux le ſignal de l'ennui & de l'humeur chagrine. Il n'y paroît plus aucune trace de l'ancienne candeur; tous les germes de droiture & de vérité y ſont deſſéchés, toutes les idées morales effacées, tous les ſentimens de la Nature étouffés: il n'y reſte qu'une capacité affreuſe pour tous les genres de déréglements & de crimes. Et dans leur douleur, ces pères infortunés ne jouiſſent pas même du triſte eſpoir de trouver dans leur tombeau, la fin de leur honte; ils tremblent encore que les hommes n'aillent reprocher à leur cendre, d'avoir donné le jour à des monſtres.

» Ailleurs, c'eſt une épouſe devenue l'objet des rebuts & des mépris de l'homme dont elle attendoit le bonheur de ſa vie, qui, dévorée d'inquiétudes, agitée de continuelles frayeurs, ne ſauroit plus abaiſſer ſes tendres regards ſur les innocentes créatures qui l'environnent, ſans éprouver la déchirante impreſſion du plus ſombre déſeſpoir. Son ame porte déjà tout le poids de la honte & de la misère dont elle voit menacé ce qu'elle avoit eu tant de joie de porter dans son sein & de serrer contre son cœur. L'Epoux entraîné par le torrent de l'exemple & des usages, engagé dans des inclinations & des habitudes étrangères, y sacrifie sa fortune, son temps, sa santé, son honneur ; & la désolation que son déréglement laisse dans le sein de la Nature, est un tribut imposé à quiconque trempe ses lèvres dans la coupe philosophique.

" Aux extrêmités des Provinces & dans le fond des campagnes, j'ai souvent trouvé une multitude de misérables réduits à la plus affreuse indigence, sous la domination corrosive & cruelle de ceux qui devroient être au milieu de la portion la plus laborieuse & la plus nécessaire de votre peuple, les organes de votre humanité & de votre bienfaisance. Ce sont des hommes pétris d'ambition & d'avarice, tout plongés dans le luxe & la mollesse, ne respirant que les plus vils plaisirs, Philosophes enfin, & par conséquent ne comptant pour rien tout le reste des hommes.

» Partout la jeunesse militaire est indolente, efféminée, sans nerf & sans vigueur. On croiroit que la Philosophie se l'est spécialement attachée, pour recueillir toutes les ordures dont elle a infecté la Nation, & avili la gloire des Lettres. Les villes de guerre sont d'ordinaire le théâtre de l'extrême débauche ; & c'est-là que les productions sales & scandaleuses qui déshonorent notre siècle, sont le plus répandues. C'est-là que tous les jours on voit l'opprobre & la mort portés dans le sein des plus vertueuses familles. C'est-là qu'on rencontre de toutes parts, sur des visages pâles & flétris dès leur printemps, les traces honteuses des derniers excès de la corruption. C'est-là que des hommes destinés à être les appuis de l'Etat, appellés, par conséquent, à cette austérité de mœurs, seule capable de former les grandes ames, & d'entretenir cette noble intrépidité qui fait voler à la mort & à la gloire, s'entr'égorgent avec férocité, pour se disputer la possession des plus vils objets du mépris public, & avilissent un sang que sa destination à ne couler que sous les drapeaux de la Victoire, rendoit cher & respectable à la Patrie ».

Il ne seroit pas difficile, mon cher Vicomte, de faire un plus grand tableau des ravages de la licence philosophique. Mais je vous en dis assez pour vous convaincre que, s'il est contre l'intention des Philosophes, que les hommes soient plus corrompus & plus malheureux qu'ils ne l'ont jamais été, il étoit impossible au moins d'en mieux prendre les moyens; & que la nuance qui distingue un Philosophe d'un méchant, est trop imperceptible, pour qu'il y ait de l'honneur à se faire Philosophe.

D'ailleurs, le défaut de bienséance & de gravité ne dépare-t-il pas tous les états? Et quel caractère demande plus de dignité &

de décence, que celui de Précepteur du genre-humain ? Un Magistrat, nous l'avons vu, n'est que l'Ecolier d'un Philosophe. Or, quelle austérité de sagesse & de mœurs le monde n'exige-t-il pas de ceux qui tiennent dans leurs mains la fortune, la vie & l'honneur des Citoyens ? Prêtres de la Justice, pour me servir du mot de M. d'Aguesseau, leur conduite même hors de son Sanctuaire, & dans leurs commerces les plus familiers, doit se ressentir de la sainteté & de la grandeur du Sacerdoce redoutable qu'ils exercent. Les hommes sont invinciblement portés à attacher à l'incorruptibilité de leur vie, celle de leur équité, parce que tout le monde sait que des mœurs sensuelles & libertines énervent l'ame, altèrent la solidité du caractère, relâchent les ressorts de l'esprit, émoussent le zèle du bien public, amolissent toutes les puissances, & rendent l'homme ennemi de tout recueillement & de tout travail. Cependant, je le répète, qu'est-ce qu'un

Magistrat devant un Philosophe ? Le Magistrat n'est que l'homme de ses Concitoyens; un Philosophe est l'Instituteur de toutes les Nations. L'un n'est que l'Interprète des Loix de son pays; l'autre est le Réformateur né de toutes les Loix divines & humaines, l'organe universel de la Nature & de la Vérité. Le premier n'est que la lumière passagère de son siècle; le second est le flambeau de tous les âges, l'arbitre de la destinée des générations à venir, seul dépositaire du secret de la prospérité des Empires. Quel est le Magistrat qui pût dire à tous les Rois de la terre, qu'ils ne doivent leurs Trônes qu'au renversement de toutes les saines idées, & que la Raison réclame pour lui & pour ses pareils, ces Couronnes que la bisarrerie des coutumes humaines a fait tomber sur des têtes inhabiles à les porter ? Etoit-il naturel qu'on pardonnât à des hommes d'une destinée si haute & si extraordinaire, ce caractère étourdi, ces scurrilités si déplacées & si révoltantes, ce ton évaporé & libertin, que les Farceurs d'une certaine classe, abandonnent aux derniers des Histrions?

NEUVIEME DISCOURS.

Dureté & indécence des calomnies dont l'Incrédulité s'efforce de déshonorer la Religion.

Vous me demandez maintenant, Monsieur le Vicomte, *ce que je dis à tous ces terribles argumens que le Fanatisme religieux a fourni aux Incrédules contre la Sainteté du Christianisme.* Je dis à tout cela qu'il faut que nos Philosophes aient une prodigieuse confiance dans leur réputation, ou qu'ils comptent étrangement sur l'imbécillité de ceux qui les écoutent, pour avoir osé présenter sérieusement ce raisonnement, le plus absurde & le plus stupide qui soit jamais sorti de la bouche de ceux que la haine de la vérité aveugle : *Des milliers de Chrétiens se sont égorgés ; & ce sont des Prêtres qui ont excité les troubles & les ravages qui souillent l'Histoire de la Nation : donc le Christianisme est une Religion cruelle & séditieuse.* Ne vous trouveriez-vous pas bien interdit d'entendre quelqu'un vous dire très-gravement : *La conduite des hommes ne peut jamais être que la pratique de leur Religion ; & tous les scélérats de la terre ne consultent, dans la détermination & l'exécution de leurs desseins les plus atroces, que l'esprit & l'enseignement du Culte où ils sont nés.* Voilà pourtant le principe extravagant dont la Philosophie ne peut se passer, pour tirer parti contre la Foi du tableau que lui offre le Fanatisme. Concevez-vous, de bonne-foi, comment il a pu venir dans la pensée d'un homme qui jouit de son bon sens, d'opposer à la sagesse de l'Evangile, des crimes dont l'idée n'a pu naître que du plus profond oubli de ses préceptes, & qui n'ont pu être commis que par des forcenés que la Religion foudroie de tous ses anathêmes ?

M. de Montesquieu étoit un Philosophe qui valoit incontestablement autant que ceux de notre *grand siècle de lumières.*

Il n'ignoroit pas plus qu'eux les déplorables catastrophes des siècles de vertige & de fanatisme. Il s'en faut bien cependant qu'il ait découvert dans l'esprit & les loix du Christianisme, des principes de désolation & de trouble. Il étoit trop grand homme, pour envisager les maux qui ont affligé l'Etat, ailleurs que dans leur vraie source, & trop honnête homme, pour prêter sa plume à l'iniquité & à la calomnie. *De véritables Chrétiens*, dit-il, *seroient des Citoyens infiniment éclairés sur leurs devoirs, & qui auroient un très-grand zèle pour les remplir. Plus ils croiroient devoir à la Religion, plus ils penseroient devoir à la Patrie..... Chose admirable! Le Christianisme qui semble n'avoir d'objet que la félicité de l'autre vie, fait encore notre bonheur dans celle-ci* (1).

Ce sont *des Prêtres*, dit-on, *qui ont versé le sang humain au nom du Dieu de la Paix*. Soit ; car je veux leur laisser tout l'avantage de cette assertion histori-

_____

(1) *Esprit des Loix.*

que. Mais ces Prêtres étoient essentiellement, comme nos Philosophes, des transfuges de l'Evangile, & par conséquent, capables de tout mal. Ils étoient animés de l'esprit dont la Philosophie conserve très-exactement la tradition; & elle peut les réclamer comme ses Patriarches & ses Prophètes. Lorsque de nos jours, par exemple, un Prêtre, dans une *Histoire* assurément très-*philosophique*, nous enseigne manifestement & du ton le plus solemnel, que c'est le même abrutissement de l'esprit humain qui nous fait croire des dogmes incompréhensibles, & qui nous soumet au despotisme des Rois; lorsqu'après avoir ailleurs savamment discuté les causes de la révolution qui a délivré les Colonies de l'Amérique Septentrionale du joug de la Domination Britannique, il décide que toutes les autres Nations ont à-peu-près les mêmes raisons de remercier leurs Maîtres, & de tendre à la même indépendance (1); il est aisé de juger dans quelles

---

(1) *Révol. de l'Amérique.*

sources il a puisé de si nobles maximes, & si c'est à l'esprit de la Foi, ou à celui de la Philosophie, qu'il faut faire honneur de ces sublimes & salutaires découvertes. Il est encore fort aisé de se figurer le genre de spectacle que le monde offriroit à nos regards, si le monde tentoit de faire servir à sa félicité, ces précieux dons de la bénignité & de la tolérance philosophique.

Il y a, peut-on dire aux Philosophes, un fanatisme plus monstrueux & plus féroce, que celui dont vous chargez le Christianisme : c'est le vôtre. Car vous êtes les seuls hommes qu'il suffise d'écouter & de suivre, pour voir la discorde dans le sein de tous les peuples, & la combustion de l'univers entier. Les anciens Fanatiques n'étoient que des Philosophes imparfaits, puisqu'ils ne savoient encore troubler que leur pays, & qu'ils n'avoient point de vue au-delà de leur siècle. Ils n'avoient reçu qu'une portion de l'esprit dont vous avez trouvé la perfection & la plénitude : ils n'étoient que l'ébauche de ce que peut devenir dès aujourd'hui tout le genre-humain, s'il veut pratiquer vos épouvantables leçons. Que faites-vous donc, lorsque vous vous complaisez à rappeller sans cesse ces scènes affreuses où la Religion a servi de prétexte à la fureur ? Vous avilissez votre propre généalogie, & vous couvrez de honte les premiers Précurseurs du Ministère philosophique : vous remuez la même fange qui a engendré tous les systêmes scandaleux & perturbateurs dont vous avez inondé le monde. Dans le règne du Fanatisme & celui de l'Incrédulité, c'est le vice qui lutte contre l'ordre & la vérité sous différentes formes, & qui se déguise sous les couleurs que lui prêtent les temps & les circonstances. Il s'est couvert du signe de la Foi, dans un siècle où il voyoit la fermentation des affaires de la Religion. Mais comme celui-ci étoit l'âge des convulsions philosophiques, il a profité de ce goût universel pour les lumières & les découvertes ; & sur le prétexte de guérir la Raison de ses préjugés, il en est venu à la rendre méconnoiſſable, à ébranler tout principe & toute autorité, à tout confondre & bouleverſer ſur la terre, pour peu qu'on ſe fût laiſſé prendre à l'appât de ſes perfides promeſſes. Celui qui feroit une hiſtoire approfondie de l'orgueil & de l'eſprit d'indépendance, en feroit deſcendre en ligne droite tout ce qui a paru au monde de nuiſible à ſon repos; & l'Incrédulité ne pourroit manquer d'y figurer dans un point de vue, où elle n'auroit rien à reprocher au Fanatiſme du côté de la naiſſance : ils ſont l'un & l'autre enfans de la même famille. C'eſt de part & d'autre la dépravation humaine qui ſe tourmente & s'agite ſous divers traveſtiſſemens, & qui dans un temps ſe nomme *zèle de la Foi*, & dans un autre, *amour de la Vérité*. Tout devient excès & abus, lorſque la perverſité a trouvé le moyen de s'emparer des eſprits, & de voiler ſa laideur & ſes deſſeins, d'une apparence qui en impoſe. Alors toutes les ſciences & toutes les vertus ſortent de leurs bornes; & il n'eſt pas juſqu'aux ſentimens les plus louables & les plus sacrés, qui ne soient sujèts à dégénérer dans les cœurs même les mieux intentionnés, & qui, poussés hors de leurs limites par le souffle hypocrite des méchans, ne puisse coûter du sang & des larmes à la Société.

Sans doute nos Philosophes ont cru que toutes les ressources de leur ancienne clémence étant épuisées, ils n'avoient plus qu'à déshonorer de toute leur propre corruption, la sainteté de la Foi, & faire rejaillir sur ses Autels, toute l'horreur des désordres où se sont précipités autrefois des hommes séduits & inspirés par des esprits inquièts, séditieux, intéressés à tout brouiller, à tout perdre, & qui seroient aujourd'hui les aigles de l'horison philosophique. Aussi, depuis qu'ils ont franchi le pas, on s'est apperçu d'un changement total dans leur humeur. Il semble que le besoin de calomnier, d'être iniques & emportés, ait entièrement décoloré leur style, rembruni leur caractère, donné à leur langage je ne sais quoi de rude & de sauvage, qui se communique à leurs productions

productions les plus indifférentes. C'est-là l'époque & l'origine de cette littérature chagrine, âcre & fuligineuse, inconnue auparavant, qui a perverti le goût, dénaturé toutes les règles, effacé tous les principes, défiguré tous les talens, confondu tous les genres, & dont les effets contagieux & ineffaçables attesteront à tous les âges, que l'esprit philosophique est autant la ruine de la raison, que le tombeau de toutes les vertus.

Aussi, à la vue de tout ce fracas de leurs explosions & de leurs déclamations virulentes, tous les yeux se sont ouverts. Quels hommes! s'est-on écrié, en se regardant avec effroi; & que les lumières sont à craindre, si ce sont-là des lumières! Etoit-ce donc là cette Philosophie si bénigne & si douce, qu'on nous avoit comparée à ces ruisseaux salutaires qui fertilisent leurs bords? Comment cette source si pure s'est-elle changée tout-d'un-coup en un torrent implacable, qui menace tout, & qui écume & mugit d'une manière terrible, contre les digues qu'il ne peut renverser?

Et voilà encore, mon cher Vicomte, une de ces lourdes maladresses qui gâtent tout, & qui a achevé de révéler toute la profonde misère de la Philosophie. Pourquoi des chûtes & des méprises si déshonorantes, après s'être annoncé sous un caractère si grand & si imposant? Comment des hommes que le monde devoit écouter avec tant de respect & de docilité, ont-ils pu méconnoître l'indispensable nécessité de lui montrer des ames sublimes, inaltérables, inaccessibles sur-tout aux convulsions vulgaires de l'humeur & de la colère? Philosophes! si vous ne pouvez absolument vous guérir de la manie de changer la face de la terre, & de régenter le genre-humain, donnez-vous au moins l'apparence des vertus qui inspirent la confiance, & tâchez de mieux contrefaire la voix & l'attitude de la Vérité. Elle n'est ni emportée, ni chagrine, parce qu'elle est au-dessus de tout; elle n'est pas brusque & impétueuse, parce qu'elle pèse & qu'elle prévoit tout; elle n'est ni inquiète, ni impatiente, parce qu'elle est éternelle, & qu'elle survit à tout. Donnez donc du poids & de la dignité à votre enseignement, par l'immutabilité de votre modération & de votre douceur. Si vous connoissez bien le caractère de la foiblesse des hommes, vous devez vous attendre à des contradictions & à des résistances. Leur indocilité est pour un Philosophe un motif de longanimité & de patience; ce n'en est jamais un de dureté & de violence. C'est dans la contemplation délicieuse & la pure jouissance des secrèts que la vérité lui révèle, que le vrai Philosophe se console de l'aveuglement des hommes, & de l'inutilité de ses efforts pour les éclairer & les rendre heureux. Elle nous ordonne, il est vrai, de tendre de toutes nos forces à établir son règne sur la terre; mais elle ne veut pas que ce soit aux dépens de sa gloire, qu'un zèle amer & précipité blesse toujours. Si vous voulez la faire triompher de l'opiniâtreté & de l'ignorance qui la rejettent, soyez & paroissez heureux de l'intimité de votre commerce avec elle. En faisant dépendre votre repos de la docilité & du respect des hommes, ne voyez-vous pas que vous l'accusez d'insuffisance, & que vous dépréciez son pouvoir? Le monde qui ne la connoît pas, ne peut juger de ce qu'elle vaut, que par le caractère & les qualités qu'elle vous donne. S'il ne voit en vous que des hommes communs & ordinaires, sujèts, comme les autres, à toutes les agitations du dépit, à toutes les inégalités de la mauvaise humeur, à toutes les puériles vivacités d'un cœur toujours inquièt & mécontent; l'on vous craindra jusques dans vos dons; & les hommes fuiront la lumière, de peur de vous ressembler, & de devenir aussi turbulens & aussi malheureux que vous.

Ce n'est pas tout; vous avez été élevés, comme nous, dans les principes de la Foi; & vous ne pouvez oublier combien nous sommes excusables de chérir & d'adorer les nœuds qui nous y attachent. Elle nous fait marcher dans une si belle & si douce lumière ! elle nous ouvre une carrière si vaste, si glorieuse, si ravissante ! Si vous aviez été prudens & humains, avec quels ménagemens & par quelles douces gradations ne deviez-vous pas nous amener à l'abandon d'une perspective & d'un espoir qui faisoient tout le charme de notre vie ? Songez donc que cette Religion que vous avez outragée sous nos yeux avec tant de cruauté, nous sommes accoutumés, dès notre enfance, à la regarder comme le centre & le lien de toutes choses ; comme l'ame, le soutien & la grande gloire de l'univers ; que nous n'estimons rien que par elle ; que toute la Nature, que tous les hommes, que tout ce qui a été & sera jusqu'à la fin des temps, n'ont de valeur à nos yeux, que celle que leur donne cette Religion éternelle qui embrasse tout, & où tout se réunit dans le Ciel & sur la terre ; qu'en éteignant son flambeau dans mon ame, vous me livrez à toute l'horreur du néant ; que je ne vois plus rien, que je me fais peur à moi-même; que tout ce que je puis favoir de ce qui me regarde, c'eſt que de tous les êtres que la Nature renferme dans ſon ſein, je ſuis le plus malheureux & le plus foible; que je n'ai que douleurs, que peines, que terreurs à éprouver dans le court intervalle qui ſépare le berceau où j'ai pouſſé mon premier gémiſſement, juſqu'à ce tombeau dont l'approche empoiſonne tous mes inſtans, & qui va dans peu de jours me dévorer & m'engloutir. Sentez-vous ce qu'il devra m'en coûter de regrets & de larmes, pour renoncer à une Religion où j'étois ſi grand, & qui m'expliquoit d'une manière ſi conſolante, tous ces triſtes myſtères de ma mortalité? Plaignez-nous donc, au lieu de nous épouvanter par les éclats d'une colère que nous ne méritons pas; & abordez-nous avec la pitié qu'inſpire la vue d'un infortuné à qui l'on doit annoncer la plus déſolante nouvelle. Eſt-il d'un bon cœur d'accabler encore du poids de ſon indignation & de ſes mépris, des malheureux qui ne ſeront que trop déſeſpérés de la vérité terrible qu'on a à leur apprendre ? Chargés de nous dire que nos espérances seront vaines, & que notre attente la plus chère, la plus nécessaire, ne doit jamais être couronnée, pourquoi n'apportez-vous pas, à l'accomplissement d'un si lugubre devoir, la précaution d'une ame honnête & sensible ? Pourquoi avez-vous l'inconcevable dureté d'insulter au songe enchanteur qui nous faisoit passer de si délicieux momens ? Que de mesures à prendre, pour avertir celui qui s'étoit toujours cru l'Enfant des Rois, qu'il n'a que songé, & que sa destinée n'a rien de commun avec les sceptres & les couronnes !

Jésus-Christ, qui étoit venu apporter au monde de si riches promesses, & qui avoit à nous révéler de si grandes choses ; Jésus-Christ, qui nous annonçoit que nous étions de la famille de Dieu ; que notre règne, non plus que le sien, n'étoit pas d'ici-bas ; que l'Univers avec toutes ses grandeurs & tous ses trônes, que le Ciel avec toutes ses immensités & tous ses mondes, n'étoient qu'un grain de poussière, comparés à l'excellence & à l'éclat d'une ame immortelle: Jésus-Christ, qui nous apprenoit que tout subsistoit pour l'homme juste; que le trépas du dernier des élus, seroit le signal majestueux & auguste de la fin des temps; qu'alors les Cieux, la Terre, tous les Empires & toutes les Puissances seroient anéantis, & que nous, plus précieux que tous ces grands spectacles, sortirions glorieux du sein de ces ruines énormes, pour revoler & vivre éternellement dans notre source immuable: Jésus-Christ, dis-je, qui avoit des droits d'un caractère si rare, à l'accueil & au respect des hommes, loin de s'irriter de la dureté de leurs cœurs, & de leur aveugle attachement à des traditions trompeuses; il les captive par sa douceur; il se les attache par l'emploi des plus délicats ménagemens; il les instruit & les écoute avec une patience, une modération & une bonté dont aucun homme n'avoit encore donné l'exemple. Si quelquefois il lui échappe des plaintes ou des reproches, il en tempère toujours la sévérité, de quelques traits de sensibilité ; & en mêlant des soupirs & des pleurs à la prédiction des malheurs réservés aux ennemis de sa Doctrine, il les force d'avouer que ce n'est pas sa propre gloire qui l'affecte, & qu'il n'est touché que de l'intérêt & du bonheur des hommes. Rien ne le trouble, ni ne l'étonne, parce qu'il connoît profondément la misère humaine. L'égalité de sa douceur & la sérénité de son ame sont imperturbables ; parce qu'il est lui-même la vérité qu'il annonce, & la vie éternelle qu'il promèt. On voit bien qu'il trouve au-dedans de lui, & dans la plénitude de la science & de la sagesse qu'il vient nous communiquer, cette *nourriture invisible* & précieuse, comme il l'appelle lui-même, *que les hommes ne connoissent pas*, & qui lui donne cette supériorité toute divine, qui le console de tout, qui l'élève au-dessus de tous les traits de la contradiction & de la haine. On voit bien qu'il est trop riche de son propre fond, pour s'affliger de ce qui lui manque de la part des hommes, & que ce n'est pas-là une de ces ames ordinaires que leur propre inanition désole, & qui attendent tout du dehors. Aussi toute la Judée soulevée contre sa personne & contre son enseignement, lui laisse tout son amour & tout son zèle pour ses concitoyens; & il ne *change* jamais *sa voix* : c'est toujours le langage du *Père* le plus tendre, du *Pasteur* le plus assidu, de l'*Ami* le plus généreux & le plus vrai. Il n'a qu'un désir, c'est de *donner sa vie pour eux* ; & ce désir, il l'appelle *le désir des désirs* ; le désir qui le brûle, le dévore & l'épuise ; le désir qui absorbe tous ses mouvemens & toutes ses pensées ; le désir qui l'oppresse & qui lui *serre* le cœur ; *quomodo coarctor!* Il n'est pas jusqu'aux prodiges qu'il opère pour convaincre le monde de la vérité de sa mission & de la divinité de sa Doctrine, qui ne portent l'empreinte de la plus touchante bienfaisance : ils pourvoient tous à des besoins, consolent des malheureux, rassasient des indigents, tarissent des pleurs, reportent la vie & la joie dans le sein de la Nature consternée : caractère que la Philosophie imite encore moins que tous les autres.

J'ai saisi, mon cher Vicomte, les occasions qui se sont présentées de vous parler de Jésus-Christ; parce que vous ne le connoissez pas; & que le seul tableau de son esprit & de son cœur, suffiroit pour dévoiler toute la perversité de ses ennemis.

Je ne vous exposerai pas en détail, la conduite des premiers Apôtres de la Foi. On sait que Saint Paul n'a été violent & persécuteur, que lorsqu'il étoit *Philosophe*, c'est-à-dire, l'ennemi de la vérité, le protecteur de l'hypocrisie, l'instrument de l'orgueil & de l'intolérance pharisaïque. Devenu l'Apôtre de Jésus-Christ, toute sa férocité l'abandonne, & une charité inépuisable & sans bornes, devient le caractère essentiel de son cœur. Ni le poids de ses chaînes, ni le feu des persécutions, ni le poison de la calomnie, ne peuvent altérer un seul instant la douceur de ses sentimens & de son langage. Plein des secrèts divins, & en possession de toute la *profondeur des richesses de la sagesse & de la science de Dieu*, il paroît devant les hommes sans ostentation, sans prétention; il n'est ni surpris de leur ignorance, ni indigné de leur endurcissement. Si les abominations de l'Idolâtrie le font *frémir* de zèle & d'horreur au milieu d'Athènes, il concentre ce frémissement *au-dedans de lui-même*; & c'est par-tout avec les seules *armes de la patience* & de la douceur, qu'il entreprend de rendre grand le nom de Jésus-Christ parmi les Nations, de le *porter* devant la majesté des Césars, & de planter la Croix sur les ruines de tous les Temples & de tous les Cultes de l'Univers. On ne le voit nulle part insulter aux simulacres, ni déclamer avec dureté contre les insensés qui se prosternent devant l'*ouvrage de la main des hommes*. Mais il conduit tout avec cette suavité qui distingue le vrai sage : rien de violent dans son procédé ; rien de brusque & de trop inattendu dans son enseignement. Il faifit avec prudence l'occafion d'être favorablement écouté ; & une infcription gravée fur un Autel, lui fournit le fujèt d'une inftruction pleine d'énergie & de nobleffe. Pour ménager les préjugés, & intéreffer des Idolâtres à la Doctrine qu'il leur annonce, il apporte en témoignage les Ecrits de leurs Poëtes, & femble ne vouloir que les ramener au vrai fens de leurs propres traditions. Même fageffe dans fa conduite envers les Juifs. Il part toujours de ce qu'il y a de plus révéré dans leur Nation ; & c'eft toujours Abraham, Moïfe, les Patriarches & les Prophêtes, qui, par fa bouche, atteftent que Jéfus-Chrift eft le Fils de Dieu, & le Meffie promis à leurs Pères.

Voilà, mon cher Vicomte, des modèles que les Philofophes ont eu le plus grand tort de ne pas confulter. Mais, comme fi Mahomet leur avoit infpiré fon ame & fon caractère tyrannique & bouillant, ils auroient voulu tout ravager, tout détruire, tout abattre, & nous fubjuguer par la frayeur & la violence. Encore celui-ci a-t-il sur eux l'avantage d'avoir au moins laissé subsister un reste de vénération pour Moïse & Jésus-Christ. Il a senti la nécessité de ce ménagement pour les anciennes habitudes, & mieux pénétré que les Novateurs de notre siècle, le véritable principe des dispositions humaines. Lorsqu'on veut se faire suivre dans des climats inconnus & sauvages, il est de la prudence de faire espérer à ceux qu'on enrôle, qu'ils y trouveront encore quelques figures humaines, & quelques Compatriotes de l'ancienne connoissance.

C'est pourquoi, ceux qui ne désespèrent pas encore de voir la Philosophie se relever de tous les coups mortels qu'elle s'est portés à elle-même, doivent exhorter très-instamment tous les Philosophes à se défaire totalement de cette roideur & de cette morgue cavalière, qui n'a servi qu'à les rendre haïssables & infiniment ridicules. Il faut sur-tout leur faire bien concevoir que calomnier la Religion, & vomir des atrocités contre ses Ministres, n'est ni instruire, ni raisonner ; mais ajouter à la preuve du délire de l'esprit, celle de la petitesse & de la perversité du caractère; que l'emportement des déclamations, que des torrents d'injures, sont du plus mauvais ton, dans des hommes sur-tout qui ne peuvent comprendre comment les Rois peuvent se passer d'eux dans le gouvernement du monde; que tout Ecrivain qui se respecte, doit s'interdire le décri du Christianisme, parce qu'il fait Loi de l'Etat, & qu'un Détracteur public de la religion de sa Nation, est un Citoyen dangereux & punissable, qu'on doit respecter le Clergé, parce que la Patrie l'honore; parce qu'elle y reconnoît des noms qui lui sont chers, & qui ont servi à sa gloire; parce qu'elle y voit les plus fidèles sujèts de son Prince, & les plus zélés conservateurs des principes qui assurent la tranquillité publique; & parce qu'enfin c'est, de la part d'un grouppe d'hommes nuls & sans caractère, une fatuité absurde & révoltante, de parler avec légèreté de quelque ministère public que ce soit, & avec mépris, des hommes qui sont en place.

Lorsque les Philosophes se seront corrigés sur ce point, qui est d'une extrême conséquence, conseillez-leur, Monsieur le Vicomte, de réparer le temps qu'ils ont perdu à déclamer contre la Doctrine & les revenus du Clergé, en secondant le Clergé même dans ses efforts pour ce qui est incontestablement utile aux hommes & à la société. C'est simplifier leur travail, & les faire procéder avec sagesse, que de les porter à confirmer d'abord ce qui est bien. Est-il une politique plus fausse & plus mal entendue, que de se jetter continuellement dans le chimérique & l'impraticable ? que d'entreprendre la réforme de tous les systêmes reçus ? que de vouloir changer la marche ancienne des Gouvernemens, & de ne présenter que des idées de bouleversement & de destruction ? N'y a-t-il pas un caractère de Philosophie bien plus mûre, plus grave & plus respectable, à ne changer & à ne détruire que le moins qu'il est possible ? à rectifier

toutes

toutes choses, sans paroître y toucher ? à rendre les hommes meilleurs & plus heureux, sans exciter de sensation brusque ? & en faisant tourner, par des ressorts imperceptibles, au bien général, les défauts & les vices mêmes de la constitution actuelle des Sociétés ? Les Evêques & les Prêtres, quelles que soient leurs qualités personnelles, enseignent une Morale, & prêchent des vertus que tous les Princes du monde seroient certainement trop heureux de voir en vigueur dans leurs Etats, & que tous les Peuples de la terre auroient le plus grand intérêt de voir gravées dans le cœur de leurs Rois. Que les Philosophes ne commencent-ils par s'unir aux Ministres de la Religion, pour inspirer aux hommes l'amour de ce qui est juste, honnête & utile ? Et que n'ajoutent-ils tous les anathêmes de la Raison, de l'Humanité & de l'Honneur, à tous ceux dont le Christianisme foudroie le libertinage, l'intempérance, l'insensibilité, l'avarice, l'égoïsme, & tous les vices qui sont dans

P

le sein des Empires, autant de germes de dépérissement & de décadence ? Est-ce assez pour des hommes qui paroissent tout brûlants du désir de sauver l'Humanité & la Patrie, de crier éternellement contre les abus ? Discoureurs inutiles ! mettez toujours en valeur ce qu'il y a de sain & de raisonnable dans la Doctrine de ce Clergé que vous maudissez impitoyablement, & qui n'a jamais fait aucun mal aux hommes. Vous vous présenterez après cela avec bien plus de bienséance, pour le réformer lui-même, puisque vous voulez absolument y mettre la réforme ; & il sera bien plus disposé à respecter vos lumières, à admirer votre sagesse, & à se soumettre à votre censure, lorsque vous l'aurez honoré de votre approbation & de votre estime, dans les points où il est sans reproche, & où il a véritablement servi l'Humanité.

Eh ! pourquoi rougiriez-vous de partager avec les Ministres des Autels, l'inestimable plaisir de faire du bien à vos semblables, & de les éclairer sur leurs vrais intérêts? Est-il généreux de ne souhaiter la félicité du monde, qu'à condition que vous en serez seuls la cause? Ou croyez-vous le caractère d'Evêque & de Prêtre, incompatible avec le zèle & les inclinations d'un vertueux Citoyen? Regardez bien autour de vous : ne découvre-t-on nulle part aucune trace, aucune attestation de la capacité de l'Ordre ecclésiastique, pour le soin glorieux de faire du bien aux hommes? Et parmi tous ces Monumens immortels & augustes de bienfaisance que vous voyez érigés de toutes parts, croyez-vous qu'il n'y en ait aucun que la Religion puisse revendiquer comme le fruit de son inspiration, & dont la misère publique soit redevable à des Prêtres? Oh! il y auroit trop d'injustice à prétendre que toutes les ressources qui subsistent pour les besoins de la portion pauvre & souffrante de l'Humanité, nous viennent de la Philosophie : & l'Infirmité, la Vieillesse, l'Indigence & l'Enfance qui trouvent des asyles si sûrs & si multipliés dans l'enceinte de cette immense Capitale, & jusqu'au fond de nos Provinces les plus reculées, ont assûrément à bénir & à remercier d'autres hommes que des Philosophes.

DIXIEME DISCOURS.

CONCLUSION.

CE qui réfulte de toutes ces réflexions, mon cher Vicomte, c'eſt que la Philoſophie de ce ſiècle n'eſt que la haine raiſonnée de la vraie Sageſſe; qu'il ne faut point ſonger à la rendre bonne & utile aux hommes, parce qu'elle eſt eſſentiellement, & par ſon caractère le plus intime, le renverſement de tout ce qui peut ſervir à nous rendre meilleurs & plus heureux; qu'il faut la craindre & la fuir, parce que ce qui y paroît quelquefois de ſain & de louable, n'eſt que l'artifice d'une hypocriſie qui cache ſous le maſque de la bonne foi, le deſſein de nous tromper & de nous corrompre; que ſous l'apparence du zèle, du bien public, elle forme & nourrit le coupable projet de détruire toute autorité, & d'effacer tous les principes des obligations humaines; qu'elle ne feint de nous éclairer, que pour nous aveugler davantage; qu'elle médite la persécution, en affectant la clémence; qu'elle mèt en mouvement tous les ressorts du trouble & de la sédition, lors même qu'elle ne semble respirer que paix, & ne prêcher que la modération; qu'elle porteroit la mort au sein des Etats, si sa force égaloit sa perversité; & qu'enfin, ce sont les sentimens, les maximes & les mœurs qu'elle inspire, qui ont toujours causé la décadence des sociétés & la ruine de l'ordre public (1).

(1) Il est généralement dangereux d'entretenir les hommes dans des idées de liberté & d'indépendance; & plus les Philosophes ont d'ascendant sur l'esprit des Peuples, plus ils doivent être réservés sur tous les points qui sont sujets à de grands abus. Mais on ne peut jamais prêter une intention vertueuse, à des Ecrivains qui affectent de semer continuellement des maximes républicaines, dans le sein d'une Nation soumise à un Gouvernement monarchique. On est, au contraire, bien fondé à les regarder comme des esprits turbulens & superbes, qui visent toujours à des révolutions favorables aux entreprises de l'orgueil & de la licence. Les Ecrits d'un Philosophe véritablement Citoyen, doivent être tels, qu'ils ne permettent jamais au Peuple d'imaginer qu'il peut être gouverné autrement qu'il ne l'est. Chaque forme de Gouvernement a ses inconvé-

On est si universellement persuadé de la malignité de l'esprit & des systêmes des Incrédules, que ce mot de *Philosophe* ne

niens; mais le pire de tous, c'est qu'on ne puisse empêcher des hommes qui ne sont comptables à la Patrie, que du tribut personnel de respect & d'obéissance qu'ils doivent à l'Autorité, d'abuser les peuples sur des maux inévitables, & de faire servir les imperfections & les désavantages inséparables de toutes les constitutions humaines, au discrédit du régime national, & à l'affoiblissement de l'amour patriotique dans le cœur de leurs Concitoyens.

Voyez, disent-ils, *les anciens Philosophes de la Grèce: que n'ont-ils point fait, dit & écrit pour maintenir la liberté de leurs Villes formées en Républiques?* Car les Novateurs les plus dangereux, n'ont jamais manqué de parer leurs inquiètes manœuvres, de l'autorité des grands Hommes de l'Antiquité. Mais la comparaison des Philosophes Grecs & des nôtres, on doit en convenir, est d'un comique à faire éclater de rire tous ceux qui ont quelque connoissance des uns & des autres: ou bien, tout spadassin qui aime à férailler, peut, sans se rendre ridicule, se comparer aux Condé & aux Turenne. Cependant, puisque ces Messieurs donnent lieu à des réflexions propres à confirmer ce que nous avons dit de la fausseté de leur zèle pour la prospérité publique, qu'il nous soit permis de vous rappeller, mon cher Lecteur, quelles étoient les vues & l'esprit de ces anciens Sages, à qui nos Lycophrons modernes se comparent si familièrement.

Les Philosophes de la Grèce étoient d'excellens Cise prend presque plus que dans un mauvais sens. Les ennemis de la Religion, en se l'appropriant, l'ont avili au point que l'on

toyens. Ce que les Ecrivains de l'Histoire ancienne nous racontent de leur zèle pour maintenir la constitution politique de leur pays, paroît incroyable. Mais pour être autorisé à les comparer avec les Philosophes d'aujourd'hui, il faudroit qu'on pût les convaincre de n'avoir travaillé de toutes leurs forces au soutien de la liberté républicaine, que parce qu'il est plus aisé de la faire dégénérer en licence, que toute autre forme de Gouvernement. Il étoit naturel que l'esprit démocratique inspirât des hommes qui avoient à instruire & à rendre bons des Peuples qui naissoient dans ce régime. Tout Philosophe qui propose des vues dont l'exécution demande de grands changemens, doit être mis au rang des rêveurs inutiles ; & s'il s'attache à porter la fermentation dans les esprits, & à attirer sur ses idées, une attention qui ne peut que déprécier aux yeux d'une Nation, le caractère de son Gouvernement, il est l'ennemi le plus dangereux qu'une Société puisse nourrir dans son sein. La sagesse ne consiste pas à vouloir produire ce qui n'est pas; mais à rendre bon ce qui est. Xénophon, qui connoissoit aussi-bien qu'aucun Philosophe, le prix de la liberté, donnoit personnellement la préférence à la Monarchie, sur tout autre Gouvernement. Mais il n'en étoit pas moins ardent que tous ses Collègues, à entretenir parmi les Grecs l'esprit républicain. Son Traité sur le Gouvernement de Lacédémone, est un des plus beaux chef-d'œuvres de craint d'injurier les vrais Sages, en les qualifiant de *Philosophes* : tant l'abus des titres les plus respectables a de force pour

---

Politique qui soient sortis de la plume d'un Philosophe. On y voit qu'aux yeux de ce vaste génie, l'art de gouverner n'est point l'art de méditer, de proposer & d'amener de grandes révolutions; mais l'art de former les hommes tels qu'ils doivent être, de les remplir de l'esprit qui convient à leur situation politique, de les pétrir, pour ainsi dire, sur la forme du Gouvernement auquel ils sont soumis, & qui doit toujours être regardé comme nécessaire, unique & immuable. Jamais Lycurgue ne fut mieux loué que par Xénophon, parce qu'aucun Philosophe n'a mieux su que lui pénétrer l'esprit & la profondeur des principes de ce grand Législateur. Xénophon n'a craint pour les Grecs, que ce qui feroit aujourd'hui le triomphe de nos Philosophes: c'est-à-dire, le suprême abus de la liberté, l'oubli de toute Religion, & le mépris des bonnes mœurs. C'étoit pour les fortifier de plus en plus dans l'estime & la pratique des vertus graves & austères, que ce Philosophe s'appliquoit à entretenir parmi eux cette disposition de dédain & de haine contre les mœurs efféminées & voluptueuses des Asiatiques, qu'on regardoit dans toute la Grèce comme les plus vils de tous les Peuples. On sait tout ce qu'il tenta pour rappeller dans Athènes l'amour de la vertu, du travail, de la sobriété & de tous les exercices propres à former des appuis & des défenseurs de la Patrie. Si ses conseils avoient été suivis, il eût fait d'Athènes une autre Lacédémone; &

les rendre odieux & déshonorants ! On dira de quelqu'un ; *il ne craint ni Dieu ni les Hommes ; il méprise & brave tout*,

ces deux grandes Républiques, au lieu de s'embarrasser & de se heurter l'une l'autre, par l'incompatibilité de leurs humeurs & la contrariété de leurs intérêts, eussent été capables d'opposer, par leur réunion, une force invincible à toutes les entreprises faites contre leur liberté, & de rendre peut-être l'Etat de la Grèce indestructible. Mais tandis que Lacédémone, austère dans ses mœurs, immuable dans ses maximes, inébranlable dans ses desseins, & infatigable dans ses travaux, donnoit les exemples les plus frappans de ce que peut produire un Peuple imbu des principes de la grande & solide Philosophie ; la fausse, c'est-à-dire une Philosophie toute semblable à la nôtre, corrompoit & amollissoit les Athéniens, à qui il ne coûtoit rien d'abandonner leur ville au pillage & à l'incendie, au moment même où, sous leurs yeux, les Spartiates immoloient des armées entières de Barbares, à la conservation de la liberté commune.

Les Philosophes de nos jours ne parlent que de liberté : c'est-à-dire, que sous un nom innocent, & qui est devenu infiniment équivoque sous leur plume, ils aspirent à dégoûter les hommes de la sujétion même nécessaire à toutes les formes d'administration. Mais les anciens qui étoient plus incontestablement les amis des Peuples, loin de les porter à étendre le cercle de la liberté républicaine, & de faire servir leurs lumières à effréner l'esprit d'indépendance ; ils réunissoient tous excepté les moyens de faire sa félicité personnelle. Et l'on répondra naturellement : *C'est donc un Philosophe.* On a vu de nos

leurs efforts contre la pente naturelle des Républiques vers l'Anarchie, & les repoussoient plutôt du côté de la sévérité d'une dépendance totale & universelle, qu'ils ne favorisoient le relâchement de l'obéissance. Ils s'appliquoient à imprimer aux Loix qui étoient simplement écrites, & en petit nombre, un caractère de majesté & d'inflexibilité, qui les rendît, s'il étoit possible, aussi fortes & aussi impérieuses, que l'autorité suprême de la Monarchie la plus absolue. Plus ces Peuples étoient libres, plus leurs Philosophes croyoient nécessaire d'y établir sur les plus solides fondemens, les règles des mœurs & de la Société. Pythagore, Thalès, Anaxagore, Socrate, Archytas, Platon, Aristote & une infinité d'autres, remplirent la Grèce des plus beaux préceptes, de cet esprit de zèle, de dévoûment & de patriotisme, de cette *civilité* qui alors ne signifioit pas seulement la douceur des mœurs qui rend les hommes sociables : mais l'homme *civil* n'étoit autre chose qu'un bon Citoyen accoutumé à se regarder, lui & toute sa famille, comme partie d'un plus grand Corps, qui étoit le Corps de l'Etat ; qui élevoit ses enfans dans cet esprit, qui les instruisoit dès le berceau à respecter & à chérir la Patrie comme la mère commune à qui ils appartenoient plus encore qu'aux auteurs de leurs jours. *Il y eut aussi, à la vérité,* dit M. Bossuet, *des extravagans qui prirent le nom de Philosophes : mais ceux qui étoient suivis,* jours des malheureux condamnés à l'échaffaud, repousser jusqu'au dernier moment les secours de la Religion, & expirer en insultant au zèle d'un Prêtre qui versoit des larmes à leurs côtés. Et les spectateurs ont dit en s'en retournant, *c'étoient donc des Philosophes!* Ainsi toutes les classes

---

étoient ceux qui enseignoient à sacrifier l'intérêt particulier, & même la vie à l'intérêt général & au salut de l'Etat; & c'étoit la maxime la plus commune des Philosophes, qu'il falloit, ou se retirer des affaires publiques, ou n'y regarder que le bien public.

Ainsi, admirez comme les idées se dénaturent & se métamorphosent par le progrès des âges. Le mot de *liberté* emportoit chez les Anciens la nécessité de s'enchaîner & de se sacrifier pour le salut de l'Etat; l'amour de la liberté rendoit tous les particuliers esclaves des Loix les plus pénibles & les plus sévères; il immoloit tous les intérêts de l'individu, à l'intérêt de la liberté publique. Aujourd'hui ce nom ne fait que réveiller des idées d'égoïsme, d'insubordination, de libertinage & d'impunité. Voilà où aboutissent toutes ces apostrophes érudites, toutes ces maximes grecques, toutes ces sentences Platoniques qui donnent une si noble vigueur aux Ecrits de nos Lycurgues modernes, & qui sont si agréablement répétées dans nos sociétés, par tous les *Epagneuls* de la Philosophie.

d'hommes, tous les rangs, toutes les conditions, toutes les espèces de malheureux, peuvent maintenant obtenir & obtiennent en effet le *grade Philosophique*. Ce ne sont plus les sciences de la Physique, ni de la Morale, ni de la Politique, qui décident de l'habileté à porter ce nom qui convenoit autrefois à si peu d'hommes. Mais tout petit Marquis ignorant qui défend d'un air précieux & profond au Précepteur de ses enfans de leur parler de Religion, & de les conduire à l'Eglise; mais toute petite Bourgeoise qui, assise à son comptoir, lit une brochure libertine, & fait rire niaisement de ceux qui vont à la Messe ou au Sermon; mais tout Evaporé qui se vante de tromper son père, & de ne croire ni Dieu, ni Enfer; mais tout Valet qui s'applaudit des ruses & des mensonges par où il s'est emparé de la confiance de son Maître, & en abuse impunément, qui fait gloire de n'avoir ni équité, ni Religion, ni conscience; tout cela s'appelle *Philosophe*, & l'est, en effet, dans la vérité de la signification que ce mot a acquise depuis que tout se développe & se perfectionne (1).

Cependant des personnes d'ailleurs fort éloignées de prendre la défense de la Secte, ont peine à croire qu'on puisse lui prêter le dessein de nous ôter le frein des mœurs & de corrompre les hommes. *C'est assez,* disent-elles, *de précautionner les esprits contre la Doctrine des Philosophes, & de montrer qu'elle mène à des conséquences infiniment dangereuses. Un tel dessein est*

---

(1) *Un Prophète qui auroit fait cette prédiction* : Un temps viendra où les mots signifieront chose contraire à ce qu'ils avoient signifié auparavant ; les actions produiront un effet contraire à celui qu'elles doivent produire : quand on prêchera la licence, on croira qu'il s'agit de subordination ; quand on armera le fort contre le foible, le fripon contre l'honnête homme, le Valet contre son Maître, on criera, vive la Justice ! quand on bouleversera tout, qu'on encouragera tous les vices, qu'on brisera tous les liens de la Société, chacun s'écriera : Voilà le rétablissement de l'ordre, tous les hommes vont être heureux ! *Ce Prophète auroit été regardé comme un insensé; & cependant cet insensé auroit prédit exactement & les effets magiques de la moderne Philosophie qui fascine les esprits, & la docilité des esprits qui se laissent fasciner par la Philosophie moderne.*

Siècles Littér. Disc. Prélim.

hors de nature & de vraisemblance. Ce n'est point à moi d'expliquer comment celui qui me nuit & qui me perd par un traitement dont les effets sont essentiellement & évidemment malfaisans & destructeurs, peut avoir une intention si déréglée & si inconcevable. J'ai l'évidence du fait le plus visible, pour appuyer ma croyance touchant ce mystère de perversité. Supposons, mon cher Vicomte, que quelqu'un vous dise: Il y a dans Paris je ne sais quels aventuriers qui, sous le nom de Médecins, finiront par nous donner la mortalité, si on vient à les écouter & à les suivre. Ils se vantent de prouver par les meilleures raisons, que jusqu'ici on n'a point eu d'idées nettes & véritables de la manière de gouverner sa santé. Ils disent que l'abstinence, la sobriété, l'usage modéré de toutes choses, qu'on regardoit comme la base du bien-être physique de l'Homme, sont la source de presque toutes les maladies qui l'accablent; qu'on ne vit si douloureusement & si peu, que parce qu'on s'est assujetti à des règles de tempérance & de réserve qui dérangent toute l'économie animale. Selon eux, la diète est mortelle à tous les hommes; & toutes les fois que vous vous imposez une privation, vous augmentez d'un degré votre disposition à périr. La grande maxime de ces nouveaux Esculapes, c'est que pour se donner une constitution robuste & invulnérable, il faut user de tout sans discernement, s'assouvir de tout, s'incorporer tout, s'il est possible, & entretenir cet état de satiété & de plénitude, qui fait, disent-ils, le vrai ressort de la santé & de la vie. Si quelqu'un, dis-je, vous faisoit un tel récit, ne trouveriez-vous pas fort plaisant qu'un autre répondît bien sérieusement à tout cela: *Il ne seroit pas prudent d'adopter la recette de pareils Docteurs. Mais ils ont sûrement de bonnes vues, & croient nous rendre de bons services. Il ne faut pas les faire passer pour gens mal intentionnés; & il suffit d'avertir le monde de ne pas trop se fier à leur méthode, qui pourroit avoir de mauvaises suites.*

Nos Philosophes sont pourtant aussi visiblement

visiblement les malfaiteurs du genre-humain. Il y a plus, ils sont les spectateurs de la désolante révolution que l'esprit philosophique a produite dans les mœurs; & ils sont forcés de convenir que jamais la jeunesse n'a été plus dissolue, les Loix plus méprisées, les devoirs plus négligés, la foi conjugale plus violée, l'autorité paternelle plus méconnue, & par conséquent tous les fondemens de la Société plus ébranlés & plus chancelans, que depuis qu'un fol enthousiasme a donné la vogue à leurs extravagances. Et cette expérience des maux que leurs systêmes ont déjà enfantés, les a-t-elle rendus plus réservés & plus sages? Les traces si palpables des ravages de la Philosophie, ont-elles fait revenir sur leurs pas les Philosophes? ont-ils tenté une autre marche, essayé un autre procédé? Les a-t-on vus se désister d'une méthode qui avoit si mal réussi, & qui n'avoit que rendu les hommes plus faux, plus trompeurs & plus insociables? Ce spectacle, au contraire, d'une corruption

* Q

plus profonde & plus irrémédiable, n'a-t-il pas encouragé leur hardiesse à nous enfoncer de plus en plus dans l'abîme, à achever de nous aveugler sur tous les points, à continuer de nous aigrir contre toute autorité, & de nous dégoûter de toute obligation? Si de tels hommes, mon cher Vicomte, nous nuisent si sensiblement & si persévéramment, avec l'intention de nous faire du bien, il faut avouer que cette intention est en eux bien plus inconcevable & plus *hors de nature*, que celle de causer notre perte.

C'est assez, dit-on, *de montrer que la Doctrine des Philosophes conduit à des conséquences très-dangereuses!* Mais si ces conséquences sont identiques à la Doctrine même qui les renferme; s'il est impossible aux Philosophes de se dissimuler où la pratique de leurs systêmes meneroit les hommes; si, de plus, les conséquences les plus affreuses & les plus désespérantes que vous puissiez tirer de l'enseignement de la Philosophie, se trouvent déjà très-explicitement déduites, avouées & publiquement affichées par la Philosophie elle-même; n'est-il pas absurde de vouloir lui prêter des vues innocentes, & des motifs de bienfaisance ? Quelle plus atroce conséquence que celle-ci ? *L'Homme ne se doit qu'à lui-même ; il est son Dieu. Il peut & doit employer ses facultés à la destruction de toute force qui veut l'assujettir. Il n'y a ni vérité, ni principe, ni devoir, qui ne soient subordonnés à son intérêt : & la Nature l'arme elle-même contre le Ciel & la Terre, contre les Autels & les Trônes, s'il y rencontre des Puissances qui lui disputent son Domaine suprême sur ses actions.* Or, ce n'est pas-là une de ces conséquences profondément cachées dans le sein d'une Doctrine qui paroît saine au premier coup-d'œil, ou laborieusement recueillies de mille morceaux épars, à force d'inductions & d'analyses. Ce sont des maximes allouées, reconnues & distinctement débitées par les Philosophes. On ne les donne pas à entendre ; on les articule comme les axiomes de la vraie Morale, & les vrais principes de la félicité humaine. Vous n'avez point oublié, Monsieur le Vicomte, les monstrueux passages que je vous ai rapportés il n'y a pas long-temps ; & il est inutile d'y en ajouter de nouveaux (1). Ce n'est pas ma faute, si la bénignité de certaines ames, se refuse à l'évidence des faits qui justifient une inculpation déshonorante pour la Philosophie. Je n'ai pas plus d'intérêt qu'un autre à aggraver les torts d'une Secte qui n'a besoin que d'elle-même pour se faire apprécier à sa valeur. Je n'ai personnellement à me plaindre d'aucun Philosophe : j'ai même l'obligation à ceux dont j'ai lu les Ecrits, ou entendu les frénétiques discours dans les sociétés, de m'avoir éclairé plus que je ne l'étois sur la nécessité de la Religion, & le malheur de ceux qui l'abandonnent. Mais je dirai toujours : Les Philosophes n'en veulent qu'à ce qui ré-

---

(1) *Voyez la fin du cinquième Discours.*

prime la licence, & ne se proposent que de pervertir les hommes (1); parce que je les vois tels, & que l'horreur d'un pareil caractère ne peut obscurcir la vérité des preuves qui nous forcent de l'approprier aux détracteurs du Christianisme. Et ce sont de tels hommes qui ont pu subjuguer une portion nombreuse de nos Concitoyens!

On dit cependant que le règne de la Philosophie touche à sa fin; que c'étoit

---

(1) *Quoi qu'en dise une fausse subtilité*, dit l'Abbé Trublet, *la Religion est un frein, & elle empêche bien des crimes. C'est le plus solide fondement des sociétés, parce qu'elle fournit les plus puissans motifs de probité. D'ailleurs, sans elle les autres motifs, qui ne sont qu'humains, perdent beaucoup de leur force. La perte de la Foi entraîne aisément celle des sentimens d'honneur. Quand on ne craint point Dieu, parce qu'on n'en croit point, on craint moins les hommes, parce qu'on les méprise, & qu'on regarde leurs jugements comme un effet du préjugé. On craint moins les Loix mêmes, parce qu'on craint moins la mort. La Religion augmente cette dernière crainte; & c'est un de ses plus utiles effets par rapport à la Société.* (*Essai de Litt.*) D'où cet Ecrivain conclut qu'il est impossible de concilier la probité avec le système de l'Incrédulité. Cet argument se fortifie encore tous les jours.

une crise qui devoit avoir son période comme les autres, & qu'on revient déjà sensiblement de l'aveugle enthousiasme qui avoit égaré les esprits. Nous devons le souhaiter, mon cher Vicomte, pour l'honneur de notre Nation & pour le repos de nos Compatriotes. Mais il paroît bien que si la Philosophie, confuse des extrémités inouies où elle s'est portée, se guérit en effet de la fureur de publier des Ecrits impies & séditieux, on se ressentira longtemps de la révolution déplorable qu'elle a excitée dans les esprits & dans les mœurs. Nous n'avons que de trop tristes indices de la profondeur & de la durée de la plaie qu'elle a faite à tous les états de la Société. L'une des fatalités répandues sur le monde, c'est qu'il ne faut qu'un moment pour détruire ce qui servoit à l'amendement & au bonheur des hommes, & que des siècles ne suffisent pas pour extirper ce qui les rend méchants & malheureux. Les Ecrivains vertueux, ces vrais bienfaiteurs de l'Humanité meurent, & leurs Ouvrages s'éclipsent avec eux, ou ne servent plus qu'à remplir les vuides des Bibliothèques. Mais les Ecrits scandaleux survivent aux hommes pervers qui en ont souillé le monde, & les Auteurs des mauvais livres, sont les seuls méchans qui exercent encore du fond de leurs tombeaux, l'affreux pouvoir de nous corrompre & de nous perdre. Ces livres deviennent, pour ainsi dire, classiques pour tous les cercles oiseux : on essaie de toutes les formes, pour déguiser & embellir le poison qu'ils renferment ; & la Typographie épuise tout son luxe & toute sa magnificence, pour décorer les méprisables monumens d'une effronterie qui a préconisé tous les vices, & avili toutes les Loix. Il n'est pas jusqu'à l'ombre de ce qui a scandalisé l'Univers entier, à qui on ne s'honore de rendre une sorte de culte domestique ; & ces murs de nos demeures, où l'œil de nos Pères rencontroit avec tant de joie les symboles innocens & respectables de leurs éternelles espérances, partagent maintenant avec nous la honte de notre dégradation, & n'offrent plus à nos regards que le simulacre du Génie malfaisant qui a fermé notre cœur à la Vérité & à la Sagesse.

Quels funestes présages pour l'avenir, mon cher Vicomte ! Et quel est l'homme de bien qui ne frémisse à la seule pensée, que ce sera cette Jeunesse actuelle, ces êtres indomptables, sans frein, sans mœurs, sans religion & sans aucun principe d'ordre & de conduite, qui seront les Pères de famille de la génération prochaine, qui tiendront la balance de la Justice, qui partageront les sollicitudes du Ministère public, qui auront l'autorité sur nos Provinces, & qui décideront de la destinée du pauvre & du foible ? N'est-ce donc pas traiter avec bien de la légèreté le grand & sérieux intérêt des mœurs publiques, que de se consoler du ravage que les systêmes impies y ont porté, par le froid espoir d'un discrédit qui fera tomber tôt ou tard la manie philosophique, & en regardant la vogue de l'Incrédulité comme une de ces fantaisies qui passent, & que d'autres modes viendront remplacer ? De pareilles maximes ne sont-elles pas elles-mêmes une suite de cette inertie & de cette *insouciance* universelle, où l'esprit de notre siècle a plongé tous les états ? Si quelque vent funeste avoit poussé sur nos côtes des essaims d'insectes malfaisans ; si nos champs & nos vignes devenoient de plus en plus la proie de leurs ravages ; si nous & nos enfans avions tout à craindre des suites de ce fléau ; si les Académies, touchées des malheurs qui nous menacent, destinoient des couronnes à celui de tous les Physiciens qui trouveroit le meilleur procédé pour délivrer nos campagnes de cette désolante engeance, & que le prix fût décerné à un homme qui nous dit qu'*il faut laisser passer cette bouffée*, & nous décharger sur la force destructive du temps, du soin de dissiper cette malédiction; croyez-vous qu'on trouvât dans une dispensation & une prudence de cette espèce, un signal bien consolant du salut public ? Vous me connoissez assez, mon cher Vicomte, pour ne pas donner à cette comparaison, une interprétation contraire à mes sentimens & à mon caractère. Je blâme l'intolérance outrée dans les Défenseurs, comme dans les ennemis de la Religion ; & personne ne désapprouveroit plus que moi le zèle qui tendroit à provoquer les rigueurs de l'Autorité contre nos Philosophes. Mais ce que je veux vous dire, c'est que l'improbation & les plaintes des gens de bien, sont marquées de je ne sais quel caractère de découragement & de froideur, qui feroit croire que les maux qui nous affligent, sont l'effet d'un destin inévitable. Ceux même qui joignent au zèle du bien, le pouvoir d'y concourir, se reposent sur des mesures qui sont si incertaines, si inarticulées & si vagues, qu'il n'en sauroit jamais résulter une réaction véritable contre le progrès de cette désastreuse contagion.

Que feriez vous donc, me direz-vous, si vous aviez du pouvoir ? Hélas ! mon cher

Vicomte, il n'est personne qui ne dise :
Si j'avois l'autorité, je ferois ceci, je déferois cela ; & chacun décide de l'usage qu'il feroit de sa puissance pour la destruction des abus, par celui dont il est personnellement le plus affecté (1). Mais l'Homme qui se trouve réellement revêtu de cette puissance, avec laquelle il nous semble que nous ferions de si belles œuvres, & qui n'est pas poussé, comme nous, par les petits intérêts de position & de

---

(1) Un faiseur de livres qui croit que ses Libraires l'ont trompé, dit : *Si j'étois Roi, je mettrois bon ordre au brigandage typographique. Et moi*, dit le Plaideur qui a perdu son procès, *je punirois le Parlement de ses injustices. Et moi*, dit le Philosophe irréligieux, *je ferois si bien, qu'il n'y auroit plus ni Prêtres, ni Bible, ni Église. Et moi*, dit le Fanatique, *je bannirois ou ferois enfermer tous les Incrédules.* En général, c'est à de pareilles inepties que se réduisent toutes les profondes réflexions de nos Politiques *au coin du feu.* Nous sommes des enfans qui croyons que tout iroit à merveille, si tout alloit dans la direction de l'intérêt local ou personnel qui nous touche ; & la convenance des choses avec nos désirs particuliers, est l'unique base de l'idée que nous nous faisons de l'ordre général.

circonstance, se voit arrêté à tout moment par l'image des contrariétés & des obstacles. Plus son exemption des passions qui troublent les particuliers, lui laisse de facilité & de tranquillité pour agir avec prudence, mieux il prévoit les suites & les difficultés infinies de l'emploi de son pouvoir. L'autorité imaginaire réforme, coupe & tranche à discrétion, parce que tout est possible à la spéculation. Mais le pouvoir véritable & pratique, voit souvent le mal public dans ce qui nous paroît nécessaire au bien commun. Il faut qu'elle combine l'utilité des prohibitions, avec la facilité des transgressions; les inconvéniens des précautions, la nécessité toujours fâcheuse des fréquentes punitions. Il faut consulter la disposition actuelle des choses, le caractère de l'esprit du temps, la nature des ressources qu'on a entre les mains, pour assurer le succès de ses démarches. Car l'autorité s'affoiblit par le défaut de réussite; & c'est toujours aux dépens de sa consistance &

de sa dignité, qu'elle s'expose à la nécessité de céder à la force mal prévue des conjonctures : considération impérieuse, qui seule rend difficile & pénible l'exercice de toute espèce de supériorité. L'abus des Lettres & de la Philosophie, n'est pas celui qui offre le moins d'obstacles au zèle des dépositaires du pouvoir. Qu'il émane, par exemple, du Tribunal suprême, des ordres sévères pour la proscription des livres dangereux, & la poursuite de ceux qui les ont écrits. L'éclat de la peine infligée au premier violateur, pourra bien mettre un frein à la hardiesse de ceux qui l'auroient voulu imiter. Mais outre que tout cet appareil laisse subsister le vice intime qui a enfanté les scandales, il en résultera encore infailliblement un désordre qui ne sera pas moins funeste à l'harmonie publique, que celui qu'on avoit voulu éviter. C'est une division plus grande, & une haine plus irréconciliable entre la Philosophie & le Sacerdoce. Les Prêtres ne manqueront pas d'être regardés & traduits par les

Familiers de la Secte, comme les ennemis des Gens de Lettres. On attribuera à leur intolérance & à leurs manœuvres, les entraves mises à la liberté philosophique. Les esprits s'échaufferont; & le silence imposé à des langues peu accoutumées à le garder, deviendra lui-même l'époque & la source d'une séparation plus scandaleuse entre le Lycée & le Temple. Une foule de Zélateurs étourdis de la Philosophie, ne pourra concentrer son ressentiment; il y aura de la fermentation, de sourdes menées, des ruses souterraines : les explosions viendront à la suite, & tous les jours il y aura des rebelles à punir.

Il réside, mon cher Vicomte, dans le sein de la portion vertueuse de nos Concitoyens, une force plus victorieuse qu'elle ne pense, contre le progrès de la désolation qu'elle déplore. Si vous faites attention au nombre, au caractère & au rang de tant de Maisons & de Personnages respectables, que nous voyons tous les jours prosternés dès l'aurore devant les Sanctuaires de cette Capitale, ou recueillis devant la sainteté de nos Chaires évangéliques ; croirez-vous jamais qu'il ne puisse sortir de cette classe qui tient au plus grands Noms & aux plus grandes Places, un effort capable de produire dans l'opinion une révolution salutaire au soutien de la Foi & au rétablissement des mœurs ? Or, cet effort doit être dirigé, non vers le Trône, qui n'a pas besoin d'intervenir dans une réforme de ce genre ; mais vers nos Académies & nos Sociétés littéraires qui s'honorent de l'estime des gens de bien, & qui peuvent arrêter plus promptement & plus efficacement le cours des systêmes scandaleux, que ne le feroit la solemnité même des Edits les plus sévères. Que ceux qui s'occupent des moyens d'éloigner de nous l'épidémie qui nous gagne & nous corrompt de plus en plus, tournent de ce côté-là toutes les tentatives de leur zèle. Ce sont les seuls Tribunaux qui puissent exercer l'espèce particulière d'autorité que demande la proscription solide & radicale de l'esprit d'irréligion. C'est-là que sont les Juges des Ecrivains, les Arbitres du mérite, les Appréciateurs des talens & les Rémunérateurs des travaux. Rien n'inspire plus violemment un Auteur qui se prépare à enrichir la République des Lettres d'un nouveau livre, que le désir d'obtenir les applaudissemens & les éloges de ces Compagnies justement respectées pour la supériorité de leurs lumières, & qui le seroient bien davantage, si elles avoient été de tout temps attentives à réprimer les écarts d'une Philosophie arbitraire. S'il n'y avoit plus que de la honte à décrier la Religion; si les talens, sans l'amour de la Vérité & de la Sagesse, étoient comptés pour rien, & que les portes de nos Académies fussent irrévocablement fermées à quiconque auroit une fois souillé sa plume des blasphêmes de l'impiété, il n'y auroit pas un Ecrivain qui ne craignît même de donner lieu à des soupçons sur ses principes : car alors la sagesse des productions feroit partie du goût ; & l'on redouteroit

redouteroit le déshonneur de passer pour impie, comme on redoute celui de paroître plat & inepte. C'est l'ambition de plaire aux Connoisseurs, qui détermine le genre & la manière de nos jeunes Littérateurs. Ils ne se proposent que d'écrire dans les idées de ceux qui les doivent juger : que ceux-ci donnent à leur zèle contre l'abus des talens & les entreprises d'une Philosophie effrénée, l'éclat & la publicité qui lui ont manqué jusqu'aujourd'hui. Etablis au milieu de cette immense Cité pour faire servir les lumières, l'Eloquence, les Arts & les Sciences à l'utilité publique, n'est-ce pas sur eux que l'Autorité doit se reposer du soin de mettre fin à des scandales & à des ravages dont la source est dans leur empire ? N'est-ce pas à eux de ne laisser appercevoir à tout Ecrivain porté à la licence & au décri de la Religion, que la perspective d'un blâme ineffaçable, & d'une inhabileté irrémédiable à tous les honneurs littéraires ? Les Lettres ne sont plus qu'un passe-temps frivole, qu'un vain

& stérile amusement, du moment qu'elles ne servent plus à nous rendre des Citoyens plus vertueux & plus attachés à nos devoirs. Mais elles déshonorent aux yeux de toutes les Nations & de tous les âges, ceux qui les cultivent, lorsqu'elles deviennent entre leurs mains l'instrument du vice & de la ruine de toutes les règles. Qui rétablira l'ordre & la discipline foulés aux pieds dans l'Empire littéraire, si ce ne sont les Tribunaux préposés pour garantir & conserver le dépôt des vrais principes, & contenir dans les bornes du goût, de la sobriété & de la vérité, tout enthousiasme qui veut s'en écarter ? Dira-t-on que la République des Lettres est un état libre, & qu'on ne doit y imposer à personne la gêne des ménagemens ? Comme si l'on pouvoit s'autoriser d'une maxime si usée & si équivoque, pour abandonner ce qu'il y a de plus sacré sur la terre, à la discrétion & à l'étourderie les plus indomptables ! & que ce fût exercer une tyrannie odieuse, que d'arrêter l'essor aveugle d'une

Philosophie qui perd tout! Quelle est donc cette liberté qui fait tout chanceler autour de nous, & qui voudroit livrer à une déprédation générale, la sainteté des Loix, du Culte & des Mœurs de toute une Nation?

D'ailleurs, nos Académies n'ont-elles pas un intérêt pressant & personnel pour opposer une résistance publique aux efforts de l'audace philosophique? Pourroient-elles se dissimuler que les hommes portés à regarder comme une connivence coupable, toute indulgence qui se soutient contre l'évidence des plus énormes abus, finiroient par suspecter l'esprit & les sentimens des Académies mêmes? & que ces Corps, depuis si long-temps en possession du respect & de la considération attachés à la réunion des grands talens & des grandes vertus, se trouveroient exposés à partager avec des Ecrivains turbulens & dissolus, la honte des plus flétrissans scandales? Quel opprobre pour les Lettres, si jamais on venoit à ne plus douter que c'est dans le sein de ces Compagnies fondées par nos Souverains pour régler le bon usage des talens & des lumières, que réside le foyer du trouble & de la désolation publique! Vos prédécesseurs, pourroit-on dire aux Académiciens de nos jours, ces hommes dont les Ecrits ont immortalisé leur siècle, & dont les noms inspirent la reconnoissance & la tendre vénération, osoient s'élever publiquement, & au milieu de leurs plus solemnelles assemblées, contre l'ambiguité même qui auroit voulu obscurcir ou faire chanceler les principes du Culte & de la Morale. Et en rendant incontestable aux yeux de toute la Nation, l'incorruptibilité de leurs sentimens & de leur Philosophie, ils imposoient à tous les talens la salutaire nécessité de respecter par-tout le dépôt inviolable de la Foi & des Mœurs. Aussi les Ecrits impies étoient rares; & le Public qui en avoit horreur, les repoussoit aussi-tôt dans la fange qui les avoit produits. On ne les a ressuscités de nos jours, qu'à la faveur de la frénésie générale qui a tout adopté, tout admiré, tout recueilli, tout couronné : & vous avez fermé les yeux fur des abus & des entreprifes que vos anciens Précurfeurs auroient foudroyés de tous les anathêmes de la Raifon, de l'Honneur & du Goût. Les gens de bien qui attendoient les réclamations de votre zèle pour la Vérité, & de votre amour pour vos Concitoyens, ont vu avec la plus grande furprife ce filence perfévérant que vous avez gardé au milieu du défordre & de la confufion de tous les genres confiés à votre garde. La licence enhardie par votre condefcendance, a dit, écrit, ramaffé, rédigé & publié des abominations, fur lefquelles on peut défier les fiècles à venir de jamais renchérir, & qu'on peut préfenter à tous les âges, comme la fomme totale des horreurs poffibles à la perverfité humaine. En falloit-il tant pour faire naître contre vous le préjugé le plus funefte à la gloire des Lettres? pour faire foupçonner la fageffe de vos vues, pour décréditer vos jugemens, pour déprécier vos fonctions, & rendre les titres qui vous distinguent, méprisables ou ridicules ? Il est des points sur lesquels les hommes d'un certain caractère ont tort d'être même calomniés. On a été injuste, sans doute, de vous croire les Protecteurs d'une Philosophie malfaisante. Mais avez-vous été prudens de n'avoir pas rendu cette injustice inexcusable, & de n'avoir pu reprocher à vos accusateurs, que de l'immodération & de la témérité ? Ne devriez-vous pas avoir pour vous des faits & des monumens capables de vérifier à la face de l'Univers, votre indignation contre tout ce que la haine de la Vérité & de la Sagesse a inventé pour corrompre & déshonorer votre siècle ? Quoi ! vous tenez, pour ainsi dire, dans vos mains, l'ame & la plume de tous ceux qui écrivent ; il n'en est pas un seul qui n'attende de vous sa plus flatteuse récompense, ou qui, du moins, ne redoute comme le désespoir de sa réputation, le malheur de votre blâme ; &

vous voulez n'être pour rien dans une cause qui est si naturellement de votre ressort, & où votre influence est suprême & décisive ? Lisez vos propres Annales, & voyez si les illustres & vertueux Académiciens qui vous ont devancés, ont cru que l'intérêt de la Religion fût étranger au dessein des Institutions académiques. Et le grand Ministre, dont le nom retentit si justement dans toutes vos assemblées, & qui, dans le temps où il donnoit l'existence & des loix à votre établissement, pour faire renaître la gloire des Lettres & l'émulation des talens, répandoit aussi ses bienfaits sur la Sorbonne, pour assurer la perpétuité & le succès de l'enseignement de la Religion ; ce grand Homme, dis-je, se seroit-il douté alors qu'un jour il naîtroit entre ces deux départemens, un esprit de contrariété qui les rendroit odieux l'un à l'autre, & qu'on regarderoit, dans certains Comités, un Académicien & un Théologien, comme les deux extrémités de la Philosophie & de la déraison ? La

Religion étoit encore alors si incontestablement le point de réunion de toutes les sciences & de tous les états, que le premier Académicien (1) qui fonda le prix d'Eloquence, exigea que les Discours seroient composés sur des textes de l'Ecriture Sainte, & terminés par une prière.

Ce n'est pas, mon cher Vicomte, que je désapprouve la suppression des Sermons & des Prières qui se faisoient autrefois aux séances académiques ; je ne rappelle cet usage, que pour vous faire remarquer que dans un temps où le Temple des Muses nous offroit des spectacles presqu'aussi saints que celui de la Religion, les Guides de la Littérature n'auroient pas manqué de désavouer, pour l'honneur de la Compagnie, celui d'entr'eux dont les Ecrits auroient scandalisé les gens de bien. Il n'y auroit eu non plus aucune sûreté pour les Aspirans à la palme, pour

---

(1) M. de Balsac.

peu qu'ils se fussent avisés de s'écarter des principes respectés, & de présenter comme des découvertes philosophiques, les caprices & les légèretés de leurs *pétillantes cervelles*. Mais ce qui a fait tort aux Académiciens modernes, & favorisé l'accroissement de l'effronterie philosophique, c'est qu'ils ne se sont pas contentés de supprimer l'hommage public que leurs Assemblées rendoient autrefois à la Religion, & qui opposoit une digue si forte & si respectable aux entreprises de l'esprit de nouveauté. Ils sont tombés dans l'extrémité opposée. Tout ce qui a trait à la Religion, est devenu insensiblement hors d'usage parmi eux, & s'est trouvé à la fin totalement banni du Sanctuaire de l'Eloquence, à peu près comme ces formes gothiques, dont le goût moderne ne s'accommode plus. Les choses en sont aujourd'hui à ce point, qu'une pièce de Littérature ou de Philosophie qui laisseroit appercevoir quelques nuances Evangéliques, ou qui présenteroit des idées un peu trop voisines de celles de la Foi, ne pourroit être réputée académique. C'est un défaut de costume que les gens de l'Art ne pardonnent plus. Vous croyez être à l'Aréopage, lorsque vous assistez à ces harangues imposantes, où tous les Dieux de la Fable enlacés dans la Patrie, la Liberté & l'Humanité déifiées aussi, vous présentent des scènes on ne peut ni plus grecques, ni plus mystérieuses. Ce n'est pas qu'un Saint n'y reçoive quelquefois, comme les Héros des autres classes, un tribut de louanges. Mais pour le rendre présentable, il le faut dépouiller, pour ainsi dire, de son habit de Saint, ne montrer que l'Homme, & faire à la Nature tous les honneurs de ses vertus. On y parloit, il n'y a pas long-temps, de *Saint Vincent de Paul*; & les Assistans croyoient qu'il s'agissoit de quelque Héros Athénien ou Romain.

Or, on conçoit aisément que dans ce déclin de l'esprit religieux parmi ceux dont le goût fixe celui de la foule des Littérateurs, l'esprit de licence & d'incrédulité s'est trouvé débarrassé du seul frein qui pût l'arrêter. Et c'est-là qu'on peut rapporter l'époque déplorable de cette liberté étonnante de parler & d'écrire, dont il étoit réservé à notre siècle de donner le premier exemple. Des Ecrivains que leur propre caractère auroit retenus dans les bornes de la sobriété & de la sagesse, ont cru faire leur cour aux grands Maîtres, en se rendant effrontés & hardis; & l'idée injuste qu'un Corps respectable établi pour guider & juger le talent, favorise les systêmes de l'impiété, s'est tellement fortifiée dans les esprits, que nous voyons tout le *bas peuple* de l'Incrédulité s'étayer de l'autorité de nos Académies, comme les Fidèles de la Religion réclament celle de leurs Pasteurs. Tant l'excès de l'indulgence est funeste à la gloire & à la bonne renommée d'un Ministère qui donne quelque inspection sur les goûts ou les mœurs des hommes! Car le comble de l'avilissement pour toute association, à qui le seul amour du bien public a pu donner l'exiſtence, c'eſt de ſe trouver impliquée dans ce qui a cauſé le ſcandale & le malheur des hommes.

Que nos Académiciens réfléchiſſent ſur cet excès des précautions qu'ils ont priſes, contre l'inconvénient de paroître ſuperſtitieux, ou trop dévots. Peut-il y avoir de la Philoſophie & de la dignité dans l'affectation d'écarter toute idée de Religion & de Chriſtianiſme? Tout y eſt-il ſi myſtérieux & ſi étranger au caractère de Philoſophe ou d'Homme de Lettres, qu'il ait fallu s'interdire juſqu'à la reſſemblance de ce qui appartient à la Révélation, & ſe circonſcrire dans une manière toute payenne d'éclairer les hommes, & de former les mœurs? L'Evangile, tout profond & tout impénétrable qu'il eſt dans les dogmes qu'il propoſe à notre adoration, ne préſente-t-il pas à qui veut l'enviſager d'un œil ſincére, un aſpect civil & patriotique qui le met dans le reſſort de toute fonction établie pour l'inſtruction des hommes &

la prospérité des Etats ? A quoi des Philosophes qui nous parlent éternellement de Vertu & de Morale, veulent-ils donc que l'on attribue le soin qu'ils prennent d'éviter en tout la Religion, & la crainte qu'ils ont de paroître devoir quelques lumières à la profonde sagesse de sa Doctrine ? Le retranchement de tout hommage à l'excellence de la Foi, a-t il contribué plus qu'il n'a été nuisible à la perfection de l'Eloquence & de la Philosophie ? Cette question mériteroit bien que l'Académie réservât une belle palme pour celui qui la traiteroit avec le plus de sagesse, de force & de vérité. Ce que nous pouvons dire, en attendant, mon cher Vicomte, c'est que quand tout le système de la Foi ne seroit qu'une fiction, il fournit à la Philosophie des vues si profondes & si vastes, & à l'Eloquence, des spectacles si riches & si ravissans, qu'il ne devroit plus être possible à un homme qui médite ou écrit pour l'honneur de la Vérité, d'en détourner jamais ses regards. Nos

Orateurs & nos Philosophes réalisent partout des événemens, & vivifient sans cesse des personnages chimériques, pour s'embellir des Auteurs qui les ont précédés dans la carrière ; & les Héros d'Homère & de Virgile ; & les Interlocuteurs de Richardson & de Sahkespéare ; enfin, tous les Acteurs & toutes les aventures des Romans anciens & étrangers, sont appellés, cités & proclamés comme les modèles uniques, & comme les dépôts inépuisables des beautés par excellence. Tout est Oracle, tout est Evangile, excepté le véritable. Il semble que ce qui manque à celui-ci pour figurer avec tous les autres anciens Ecrits dans les productions modernes, c'est d'être comme eux, & aussi incontestablement, une fable. Quel travers ! Pourroit-on après cela ne pas excuser les hommes de soupçonner que nos Académiciens qui devoient être les Conservateurs du goût & des règles, se trouvent eux-mêmes, sans y avoir pensé, les dupes du charlatanisme philosophique ?

Une réflexion, mon cher Vicomte, qui devroit se présenter bien naturellement à l'esprit de nos Ecrivains, c'est que ceux des Génies célèbres du siècle dernier dont on admire le plus les Ouvrages dans celui-ci, étoient des hommes qui adoroient l'Évangile, qui s'honoroient de l'étudier, de le méditer & de le proposer à tous ceux qui sont appellés à écrire pour l'instruction & le bonheur des hommes, comme la vraie source des pures lumières. Quel Philosophe, quel Poëte, quel Orateur de nos jours ne sacrifieroit toutes ses prétentions & tous ses projèts, à l'honneur d'avoir fait un livre tel que le *Télémaque?* Cette production que toutes les Nations & toutes les langues du monde ont accueillie & adoptée comme un don que le Ciel faisoit à tout le genre-humain; ce Livre si étonnant, si divin, qui survivra de tant de siècles à tous les tristes & arides Ecrits qui inondent celui où nous sommes, suppose, sans doute, dans son Auteur, l'assemblage de tout ce que la

Nature a de plus riche dans ses trésors, pour former les Ames supérieures & extraordinaires. Mais doit-on craindre d'ajouter qu'un génie égal à celui de Fénélon, n'atteindroit jamais à la hauteur de sa Philosophie & de son Eloquence, s'il s'attachoit dans son travail à écarter ce que la Révélation lui offre de lumières, ou si son cœur étoit moins touché de la beauté & de la majesté de la Religion ? Si vous retranchiez de ce Livre ce que les idées & les vues de la Foi lui ont prêté de leur magnificence & de leurs richesses, que résulteroit-il de ce changement ? Ce ne seroit plus le Télémaqne du grand Fénélon. Ce qui resteroit après une telle soustraction, pourroit bien encore composer un beau monument d'imagination : mais l'Ouvrage de l'immortel Archevêque de Cambrai, perdroit entièrement ce grand & intime caractère qui le distingue des productions du même genre les plus admirées, qui lui donne une supériorité d'intérêt si marquée sur les Poëmes d'Homère

&

& de Virgile, & qui en fait comme un fleuve de lumières, dont la douce clarté & la chaleur toute célefte, feront d'âge en âge le charme des efprits nobles, & les délices des bons cœurs. Je fais bien qu'il exifte une claffe de Lecteurs qui ne veulent, ni ne peuvent démêler dans ce chef-d'œuvre, les beautés & les traits de grandeur dont la Religion feule a pu l'enrichir. Mais quiconque joint au bonheur d'être fincère, une connoiffance un peu étendue des divines Ecritures, s'appercevra à tout moment, en lifant le Télémaque, qu'elles étoient continuellement préfentes à l'efprit de l'Auteur, & que c'eft dans cette grande fource qu'il a puifé ce goût fublime de la Vérité, & cette Morale fi noble, fi touchante, fi univerfelle, ces idées fi hautes & fi faintes de l'Être fuprême ; enfin, tout ce qui élève fon Poëme à un degré unique de folidité & d'excellence. Permettez-moi de vous en rapporter le premier exemple qui s'offrira à ma vue en ouvrant cet Ecrit.

S

Je tombe à cet endroit du quatrième Livre: Hazaël s'entretenoit avec Mentor de cette première Puissance qui a formé le Ciel & la Terre ; de cette lumière infinie, immuable, qui se donne à tous sans se partager : de cette Vérité souveraine & universelle qui éclaire tous les esprits, comme le soleil éclaire tous les corps. Celui, ajoutoit-il, qui n'a jamais vu cette lumière pure, est aveugle comme un aveugle-né. Il passe sa vie dans une profonde nuit, comme les peuples que le soleil n'éclaire point pendant plusieurs mois de l'année ; il croit être sage, il est insensé ; il croit tout voir, & il ne voit rien ; il meurt n'ayant jamais rien vu : tout au plus il apperçoit de fausses & sombres lueurs, de vaines ombres, des fantômes qui n'ont rien de réel: Ainsi sont tous les hommes qui sont entraînés par le plaisir des sens, & par les charmes de l'imagination. Il n'y a point sur la terre de véritables hommes, excepté ceux qui consultent, qui aiment, qui suivent cette Raison éternelle. C'est elle qui nous inspire quand nous penſons bien ; c'eſt elle qui nous reprend quand nous penſons mal. Nous ne tenons pas moins d'elle la raiſon que la vie ; elle eſt comme un grand Océan de lumières : nos eſprits ſont comme de petits ruiſſeaux qui en ſortent, & qui y retournent pour s'y perdre. Quelle richeſſe, quelle élévation d'idées ! Tout le feu d'Homère & toute la pompe de Virgile excitent-ils un intérêt de cette force ? Liſez maintenant, mon cher Vicomte, le magnifique & noble début de l'aigle de nos Evangéliſtes ; & vous ſerez frappé de l'unité d'eſprit & de langage, qui ſemble ne faire du Poëte, que l'organe & l'interprète du Généalogiſte du Verbe de Dieu.

Quelle majeſté, quelles images, quel prodige d'éloquence dans le *Diſcours* de Boſſuet *ſur l'Hiſtoire Univerſelle ! On fut étonné*, dit M. de Voltaire, *de cette force majeſtueuſe dont il a décrit les Mœurs, le Gouvernement, l'accroiſſement & la chûte des grands Empires, & de ces traits rapides d'une vérité énergique dont il peint &*

dont il juge les Nations.... Ce Discours n'a eu ni modèles, ni imitateurs: son style n'a trouvé que des admirateurs. C'est, en effèt, un phénomène bien surprenant, de voir paroître pour la première fois, depuis tant de siècles écoulés sans que personne eût osé aspirer à partager la gloire des Cicéron & des Démosthènes, un Ecrivain qui franchit tout d'un coup ce grand intervalle, se place au niveau de ces génies extraornaires, & s'élève même au-dessus des plus grands Orateurs de la Grèce & de Rome. Ne seroit-ce là que le triomphe de l'Eloquence humaine? & Bossuet ne devroit-il qu'à la fécondité de sa brillante imagination, cette vigueur, cette pompe, cette opulence, & sur-tout ce caractère auguste & imperturbable d'une dignité & d'une sagesse où nous croyons voir reluire tous les rayons de la Divinité même? Disons, mon cher Vicomte, une vérité qui ne peut échapper qu'à ceux qui ne veulent rien voir: c'est que les hautes pensées de la Foi ont une force étonnante pour donner aux grands talens l'éclat du prodige,

& pour porter le vrai génie à un degré extraordinaire d'élévation. C'est que Bossuet a contemplé dans la grande lumière de la Religion, c'est-à-dire, de la hauteur même de l'Intelligence infinie, le grand théâtre du monde & toute la suite des grandes révolutions des Empires ; & que nous montrant le dessein d'une Sagesse éternelle & profonde, au milieu des vicissitudes qui agitent & qui changent la face de l'Univers, il nous fait admirer dans le tableau de tous les Royaumes de la terre & de tous les événemens humains réunis en un seul spectacle, une économie où tout se meut, se choque, se renverse & se relève par des ressorts divins, & où toutes les histoires du Temps, ne font que les préparatifs de l'Histoire de l'Eternité, & de l'Empire indestructible *établi sur le fondement des Apôtres & des Prophêtes.*

Montesquieu, autre génie qui parut aussi-tôt après Bossuet, & que la Nature semble avoir suscité au milieu de notre

Nation, afin de graduer & d'adoucir par ce ménagement, la nécessité où nous devions tomber de nous passer de grands Hommes; Montesquieu, lorsqu'on veut l'étudier & le suivre dans le travail de ses combinaisons profondes, vous présente, pour le fond, la même Ame & le même caractère d'esprit, que le célèbre Evêque de Meaux; c'est-à-dire, que dans l'un & dans l'autre, on est frappé de cette capacité prodigieuse d'une Raison qui embrasse tout, & de cette supériorité d'intelligence qui fait rassembler, & réduire à un résultat simple & intéressant pour tous les âges, la variété infinie des révolutions dispersées dans l'immensité des temps. Mais Montesquieu s'est renfermé dans le période des choses humaines, & son dessein ne s'étendoit pas au-delà. Bossuet avoit réglé ses méditations sur un plan bien plus vaste; il a voulu lier, si on peut le dire, toute l'économie du monde présent, au systême éternel de la Sagesse suprême. L'un nous tient circonscrits dans le cercle des Loix, des Mœurs & des passions des hommes, pour nous dévoiler les ressorts des grands événemens & nous expliquer la formation, l'agrandissement, le déclin & la ruine des Empires. L'autre nous fait contempler, au milieu de tout le mouvement des intérêts humains, & de ce grand fracas des Empires & des Trônes qui s'élèvent, se heurtent & tombent les uns sur les autres, une Puissance invisible & éternelle qui conduit en silence à travers toutes ces agitations & toutes ces ruines, un dessein d'un ordre supérieur, & qui, par des ménagemens profonds, fait servir toutes les vicissitudes & toutes les scènes des Royaumes & des générations qui passent, à l'accroissement & à la gloire de l'Empire qui demeurera éternellement. Le premier ne sort pas de l'Histoire des Gouvernemens, pour nous indiquer les principes des grandes secousses qui ont tant de fois changé la destinée du genre-humain, & nous laisse au milieu de ce vaste Univers, où tout chancelle & se succède, sans nous éclairer sur le dernier dénoûment de tant de spectacles divers. Le second fait tout revoler dans sa source éternelle, & nous présente au-delà des temps, la ravissante perspective d'un Monde stable & incorruptible qui s'élevera sur les énormes débris de ce globe que nous habitons, & où tout sera transformé dans la splendeur & l'immutabilité de l'Être infini. Ainsi, ces deux Génies dont le siècle d'Auguste se seroit enorgueilli, se sont ressemblés sans s'égaler ; & l'Eloquence a laissé la palme dans la main de Bossuet. O que la Religion, mon cher Vicomte, donne de fécondité & d'ampleur à tout esprit qui sait l'envisager dans le vrai jour de sa magnificence & de sa grandeur! Non, il n'y a qu'elle qui puisse former les intelligences extraordinaires, élever le génie au-dessus de lui-même, & le faire s'élancer hors des limites prescrites à tout ce qui est humain. C'est elle qui agrandit toutes les sphères, qui dilate tous les sujèts, & qui mèt l'Infini dans ce qui ne paroît rien à nos yeux. Seule, elle a le don de tout vivifier; elle enfante les prodiges, par-tout où les hommes laissent luire son flambeau; elle imprime à tous les talens, aussi-bien qu'à toutes les vertus, le sceau du surnaturel & du divin, & produit les grands Hommes, comme elle fait les grands Saints.

Il n'est donc pas d'état, pas d'ordre de choses qui n'ait à déplorer le malheur qu'a eu notre siècle d'écouter les Détracteurs de la Foi. La même plaie que l'esprit d'irréligion a faite à la masse des mœurs publiques, a desséché la vraie sève de l'Eloquence, & dénaturé tous les genres utiles à la Société. Qu'on rétablisse la Religion dans le rang d'honneur & de prééminence qu'elle tenoit autrefois dans tous les établissemens & tous les ministères de l'Etat, & dont aujourd'hui on voudroit, pour ainsi dire, le déposséder jusques dans l'enceinte de ses propres sanctuaires: alors elle redeviendra l'ame universelle de cet Empire qui s'honore des titres du Christianisme à la face de l'Univers. Bientôt elle regagnera son ancien ascendant sur nos esprits & sur nos cœurs. Nous verrons renaître le règne des grands talens, avec celui de cette probité vraie, délicate & solide qu'elle seule peut nous donner. Car elle est cette *sagesse* pure & sublime *qui vient d'en haut, qui nous apporte avec elle tous les biens*, qui étend nos lumières, qui donne la vigueur à nos pensées, le discernement à nos vues, la sagesse à nos conseils, l'excellence à nos vertus, la dignité à nos emplois, la réalité à notre vie : c'est elle qui fait les vrais Sages, qui épure nos connoissances, qui complète & qui fixe toutes nos idées d'*ordre*, de *goût*, de *beauté*, de *justice* & d'*utilité*, & qui à la fin ramenera toutes nos sciences, toutes nos professions, tous nos arts & toutes nos intelligences, à une unité & un concert que rien ne troublera plus.

Telles que soient ces considérations, mon cher Vicomte, que je vous ai présentées dans l'ordre où elles me sont venues à l'esprit, je les crois suffisantes pour vous détromper de l'erreur qui vous avoit fait jusqu'ici regarder les Philosophes irréligieux, comme des hommes attachés de bonne-foi à la recherche & à l'enseignement de la vérité. J'ai pensé que pour vous servir plus utilement, je ne devois pas commencer par vous donner ces *éclaircissemens raisonnés, & ces détails philosophiques* que vous m'aviez demandés d'abord *sur les Mystères du Christianisme* (1). Je vous savois trop prévenu en faveur de ceux qui ont attaqué la Foi, pour que je vous crusse capable de sentir sans aucune préparation, la force du *nouveau genre de preuves que vous voudriez qu'on eût à opposer à leurs raisonnemens contre les dogmes de la Révélation.* Maintenant que vous avez un bandeau de moins de-

---

(1) Le dessein de l'Ecrit dont il s'agit, sera de faire voir que la Raison, malgré son invincible impuissance pour pénétrer le fond des Mystères révélés, se trouve néanmoins beaucoup plus forte & mieux pourvue pour les soutenir, qu'elle ne le fut jamais sous la plume des Incrédules pour les combattre. Il paroîtra dans quelques mois, sous le titre de *Pensées sur la Philosophie de la Foi*, & complètera la preuve de ce que nous avons dit dans celui-ci, touchant la fausseté de *la Philosophie de l'Incrédulité.*

vant les yeux, & que je ne dois plus craindre pour vous l'illusion d'une estime injuste, je vais m'occuper du soin de vous entretenir selon votre goût, & vous préparer des choses directes à votre inclination pour les apperçus philosophiques.

FIN.

TABLE

Des Discours contenus dans cet Ouvrage.

Premier Discours. *Introduction*, pag. 1
Second Discours. *Frivolité des raisons qui engagent dans le parti de l'Incrédulité,* 13
Troisième Discours. *Perversité de l'origine & des vues de l'Incrédulité,* 25
Quatrième Discours. *Suite du précédent,* 51
Cinquième Discours. *Caractère destructeur & séditieux de l'Incrédulité,* 74
Sixième Discours. *Division des Philosophes. Nullité des ressources qu'ils prétendent substituer à celles de la Foi,* 105
Septieme Discours. *Suite du précédent,* 135
Huitieme Discours. *Licence effrénée des Ecrits des Philosophes; source du désordre des mœurs publiques,* 189

Neuvieme Discours. *Dureté & indécence des calomnies dont l'Incrédulité s'efforce de déshonorer la Religion,* page 201

Dixieme Discours. *Conclusion,* 229

APPROBATION.

J'Ai lu par ordre de Monseigneur le Garde-des-Sceaux, un Manuscrit intitulé : *Pensées sur l'Esprit & le Dessein des Philosophes irréligieux de ce siècle.* Cet Ouvrage, divisé en dix Discours, a particulièrement pour objet de détourner le Lecteur des dangereux principes de l'Incrédulité. Pour cet effet, l'Auteur lui en présente les différens caractères en autant de tableaux trop frappans, pour qu'on y puisse méconnoître le dessein pervers de la Philosophie anti-Chrétienne, si malheureusement accréditée parmi nous. Avec ces caractères & ces tableaux, il fait quelquefois contraster ceux de la Religion ; & par la magnificence & la sublimité des objets qu'il présente, il rend plus sensible l'étonnante corruption des systêmes irréligieux. Cette production est donc un nouvel hommage du zèle aussi éclairé que chrétien qui, dans ces temps si désastreux pour la Religion, ose encore s'élever contre les pernicieux principes de l'erreur qui a séduit presque tous les états de la Société ; ce qui me fait présumer qu'elle méritera à son digne Auteur, l'accueil le plus favorable de tous les gens de bien sincèrement attachés à la vérité de notre sainte Foi.

Donné à Paris, ce 30 Mai 1785.

LOURDET, Professeur Royal.

PRIVILEGE DU ROI.

LOUIS, PAR LA GRACE DE DIEU, ROI DE FRANCE ET DE NAVARRE : A nos amés & féaux Conseillers, les Gens tenans nos Cours de Parlement, Maîtres des Requêtes ordinaires de notre Hôtel, Grand-Conseil, Prévôt de Paris, Baillifs, Sénéchaux, leurs Lieutenans Civils, & autres nos Justiciers qu'il appartiendra : SALUT. Notre amé le sieur Abbé LAMOURETTE Nous a fait exposer qu'il desireroit faire imprimer & donner au Public, un Ouvrage de sa composition, intitulé : *Pensées sur l'Esprit & le Dessein des Philosophes irréligieux de ce siècle*, s'il Nous plaisoit lui accorder nos Lettres de Permission pour ce nécessaires. A CES CAUSES, voulant favorablement traiter l'Exposant, Nous lui avons permis & permettons par ces Présentes, de faire imprimer ledit Ouvrage autant de fois que bon lui semblera, & de le faire vendre & débiter par tout notre Royaume pendant le temps de cinq années consécutives, à compter du jour de la date des Présentes. Faisons défenses à tous Imprimeurs, Libraires, & autres personnes, de quelque qualité & condition qu'elles soient, d'en introduire d'impression étrangère dans aucun lieu de notre obéissance; A la charge que ces Présentes seront enregistrées tout-au-long sur le Registre de la Communauté des Imprimeurs & Libraires de Paris, dans trois mois de la date d'icelles, que l'impression dudit Ouvrage sera faite dans notre Royaume, & non ailleurs, en bon papier & beaux caractères; que l'Impétrant se conformera en tout aux Réglemens de la Librairie, & notamment à celui du 10 Avril 1725, & à l'Arrêt de notre Conseil du 30 Août 1777, à peine de déchéance de la présente Permission; qu'avant de l'exposer en vente, le manuscrit qui aura servi de copie à l'impression dudit Ouvrage, sera remis dans le même état où l'Approbation y aura été donnée, ès-mains de notre très-cher & féal Chevalier, Garde des Sceaux de France, le Sieur HUE DE MIROMESNIL, Commandeur de nos Ordres; qu'il en sera ensuite remis deux Exemplaires dans notre Bibliothèque publique, un dans celle de notre Château du Louvre, un dans celle de notre très-cher & féal Chevalier, Chancelier de France, le Sieur DE MAUPEOU, & un dans elle dudit Sieur HUE DE MIROMESNIL; le tout à peine de nullité des Présentes, du contenu desquelles vous mandons & enjoignons de faire jouir ledit Exposant & ses ayans cause pleinement & paisiblement, sans souffrir qu'il leur soit fait aucun trouble ou empêchement. Voulons qu'à la copie des Présentes, qui sera imprimée tout-au-long au commencement ou à la fin dudit Ouvrage, foi soit ajoutée comme à l'original. Commandons au premier notre Huissier ou Sergent sur ce requis, de faire pour l'exécution d'icelles, tous Actes requis & nécessaires, sans demander autre permission, & nonobstant clameur de Haro, Charte Normande, & Lettres à ce contraires : Car tel est notre plaisir. DONNÉ à Paris, le vingtième jour du mois de Juillet, l'an de grace mil sept cent quatre-vingt-cinq, & de notre Règne le douzième. Par le Roi en son Conseil. LE BEGUE.

Régistré sur le Régistre XXII de la Chambre Royale & Syndicale des Libraires & Imprimeurs de Paris, n°. 223, fol. 387, conformément aux dispositions énoncées dans la présente Permission; & à la charge de remettre à ladite Chambre les neuf Exemplaires prescrits par l'Arrêt du Conseil d'Etat du 16 Avril 1785. A Paris, le 5 Août, 1785. LECLERC, *Syndic.*

De l'Imprimerie de CL. SIMON, Imprimeur de Monseigneur L'ARCHEVÊQUE de Paris, rue Saint-Jacques, N°. 27.

www.ingramcontent.com/pod-product-compliance
Lightning Source LLC
Chambersburg PA
CBHW071338150426
43191CB00007B/780